当领导对你说：我再想想。你知道他在想什么吗？
当同事对你说：我再看看。你知道他在看什么吗？
当客户对你说：我再等等。你知道他在等什么吗？

攻城为下，攻心为上

职场攻心术

韩垒 编著

天津科学技术出版社

图书在版编目(CIP)数据

职场攻心术/韩垒编著. —天津:天津科学技术出版社,2012.1
ISBN 978-7-5308-6707-5

Ⅰ.①职… Ⅱ.①韩… Ⅲ.①职业-应用心理学-通俗读物 Ⅳ.①C913.2-49
中国版本图书馆 CIP 数据核字(2011)第 271557 号

责任编辑:石　崑
责任印制:兰　毅

天津科学技术出版社出版
出版人:蔡　颢
天津市西康路 35 号　邮编 300051
电话(022)23332398(事业部)　23332697(发行)
网址:www.tjkjcbs.com.cn
新华书店经销
北京中印联印务有限公司印刷

开本 710×1000　1/16　印张 16.5　字数 230 000
2012 年 5 月第 1 版第 1 次印刷
定价:29.80 元

前言

《三国志》有云：攻心为上，攻城为下。

攻心是一条至高无上的原则，是一切兵法的核心思想。

所谓攻心，就是利用心理战术来不战而胜。攻心即是驾驭人的思想，从思想上使其畏惧，甚至使其诚服，而非利用职权或是武力，关键是根据不同对手的心理，对症下药而达到你所想要的效果。

成功与否，效果如何，看你会下哪种"药"，下"药"的量有多少，"药"性有多大？

攻心的成与败在于能否审时度势，能否对症下药。若想具有百发百中的攻心术，不仅要有高超的技能，还要在决策前认真分析、实事求是，从本质上考察其形势，只有这样才能真正了解局势，选对攻心战术，达到百发百中。

职场中，经常能够见到这种现象：有些能言善辩，或者个人能力出色，或是出身名校的人才，他们拥有着许多人羡慕的优势。然而，在工作中，却始终无法获得高成就，或是拥有好人缘。

这是为什么呢？

其实，最大的问题就在于——他们与人沟通只能浮在表面，无法去深入猜透对方的想法！

与人沟通是每天必做的功课。当你和领导、同事、下属、客户、陌生人打交道时，你们双方或者多方就是在做心理上的交流或较量。了解对方的心理特征，就能变被动为主动。从揣摩上司心理到把握客户心理再到同事交往心理，从识人之术到交际中的心理效应，《职场攻心术》都一一为你解读，并且提供应对之道。

这本《职场攻心术》是一本务实的攻心操作手册,它不是攻心术的说教,而是一本很详细的攻心战实施计划。它是作者经过几年来潜心研究与实践的成果,以了解对方想法为基础,以攻心为目标,可以直接应用于社交沟通中的各种场合,可立竿见影,既能助你成为人际交往的高手,让你成为最受欢迎的人,也能助你做到知己知彼,运筹帷幄,从而决胜职场。

也许你刚刚走出校门迈进社会,还信奉纯真和坦荡,任凭青涩作为你的保护色,单纯作为你的防腐剂;

也许你在职场上摸爬滚打多年,尽管你十分努力,却发现依旧一无所有;

也许你已经发现光靠一味地努力和个人能力,光凭善意和良心,是远远不够的,必须学会揣摩人性;

也许……

那么,你不妨花费些时间用在这本书上,学习一下攻心术,相信继续行走在职场中的你,某一天会突然发现它已经让你受益颇多。

目 录

第一章 解读心理密码,踏过职场第一道门槛 …………（1）
- 001 曼狄诺定律:微笑可以带来黄金 ……………………（2）
- 002 焦点效应:每个人都有"自我中心"的心理 …………（5）
- 003 情感效应:重视附加在沟通中的情感因素 …………（8）
- 004 多看效应:见面时间长,不如见面次数多有效 ……（11）
- 005 喜爱效应:女为悦己者容 ……………………………（14）
- 006 门槛效应:逐步提出自己的要求,获得最大的让步……（17）
- 007 伙伴意识:不要一个人吃饭 …………………………（20）
- 008 私人乐园:寻找每个人的特质 ………………………（23）
- 009 围场策略:成功就在你坚持的最后一刻 ……………（26）
- 010 黑白珠子法则:冷庙门前也要烧烧香 ………………（29）

第二章 职场心理效应,一开口便知对方下一步棋 ……（33）
- 001 相由心生,根据表情摸清楚对方的心理 ……………（34）
- 002 满足心理,别与对方走岔路 …………………………（37）
- 003 若想让他人喜欢你,就让他"胜过"你 ………………（40）
- 004 口头语读出对方的心理 ………………………………（42）
- 005 将高帽戴在对方的头上,为我所用 …………………（45）
- 006 给别人的要比别人期待的多一些 ……………………（49）
- 007 人以群分,找出双方的共通点 ………………………（52）

008 遇上麻烦先数落自己 …………………………………………（55）
009 不要状态不佳时做出重要决定 …………………………………（58）

第三章 摸清上司心理,职场中搞定你的头儿 ……………………（61）

001 从上司的话里摸清楚上司的心理 ………………………………（62）
002 放下身段,让上司高你一筹 ……………………………………（65）
003 和领导交流,需要拿捏好分寸 …………………………………（68）
004 领导的虚荣心理,办公室中的马屁哲学 ………………………（72）
005 领导声明不必拘泥礼节的时候,更要遵守礼节 ………………（75）
006 能参善谋,唱好领导难唱的曲 …………………………………（78）
007 善于攻心,成为上司的"眼中钉" ……………………………（80）
008 顺从心理,领导永远是对的 ……………………………………（83）
009 心腹和心腹之患只是两个字的差别而已 ………………………（86）
010 隐形心理,当领导话中有话时要细心体会 ……………………（89）

第四章 摸清同事心理,职场中结成攻守同盟 ……………………（92）

001 定性心理,做事情之前别说过头话 ……………………………（93）
002 共性心理,免于被同事排挤 ……………………………………（96）
003 优越心理,学会向同事求助 ……………………………………（100）
004 自信心理,别对同事说"你错了" ……………………………（102）
005 职场中,个性不需要太张扬 ……………………………………（105）
006 把自己当成最聪明的人,往往是最笨的 ………………………（109）
007 职场中不要和同事扯上金钱关系 ………………………………（112）
008 心理战术,玩转不同性格的同事法则 …………………………（116）
009 谨防见不得天日的"小纸条" …………………………………（120）

第五章 正确管理,让下属尽心尽责 ………………………………（123）

001 笼络下属,先从尊重他们开始 …………………………………（124）
002 拉拢法则,记住下属的名字 ……………………………………（127）
003 权威心理,领导不能没架子 ……………………………………（130）
004 隐私心理,不要随便揭露下属的隐私 …………………………（133）
005 树立威信,军令如山 ……………………………………………（136）
006 领导的必杀技——耍滑头 ………………………………………（138）
007 激励机制,使用积极性的字眼 …………………………………（141）

008 两种心理，软硬兼施管理下属 …………………………… (144)
009 责任心理，不要太宽 …………………………………… (147)
010 过分殷勤的异性下属，认真对待 ……………………… (150)

第六章 合作心理，职场中不要一个人走路 ………………… (153)
001 朋友是职场中最保险的存折 …………………………… (154)
002 职场朋友越多越好 ……………………………………… (157)
003 职场中，别将钱包捂得那么紧 ………………………… (160)
004 学会合作，找出最适合自己的那只"狈" ……………… (163)
005 职场合作，没有理所当然的事情 ……………………… (166)
006 职场合作中，不做别人的登天梯 ……………………… (169)
007 消极心理，远离那些不利于自己成功的人 …………… (173)
008 你认识谁远远比谁认识你更重要 ……………………… (176)
009 不求贵人相助，事业难达高峰 ………………………… (179)

第七章 踏过门槛心理，朋友最先都是陌生人 ……………… (182)
001 踏过门槛，和陌生人"一见如故" ……………………… (183)
002 让好形象拉近陌生人之间的距离 ……………………… (187)
003 用肢体语言成功实现零距离 …………………………… (189)
004 见微知著，察觉陌生人的心理 ………………………… (192)
005 通过小动作，预知对方心理 …………………………… (195)
006 拥有特质，成为陌生人记忆的"闪光点" ……………… (197)
007 逆境之中，需要做缩头乌龟 …………………………… (200)
008 没话也要找话说，避免冷场 …………………………… (202)

第八章 捉摸客户心理，实现互惠互利 ……………………… (205)
001 沟通中的开场白一定要精彩 …………………………… (206)
002 如何用妙语挑动客户需求 ……………………………… (209)
003 让对方得意，自己才能得益 …………………………… (213)
004 与客户交谈的时候，记得常用"我们"开头 …………… (216)
005 妙语连珠，巧言应对你的客户 ………………………… (219)
006 征服客户的心理策略 …………………………………… (222)
007 用幽默感打动客户 ……………………………………… (225)
008 避免与客户发生争执 …………………………………… (228)

第九章　自信心理，在职场中扬帆起航 …………………… (231)
- 001 第一次就把事情做对 ……………………………………… (232)
- 002 别为工作中的失败找借口 ………………………………… (235)
- 003 未来在很远处，今天才是你应该把握的 ………………… (238)
- 004 摆正心态，职场人人都有难念的经 ……………………… (241)
- 005 免费的午餐总是要买单的 ………………………………… (245)
- 006 积极心理，零度的人生也要沸腾 ………………………… (249)
- 007 车子会有的，房子也会有的 ……………………………… (252)
- 008 前面的路再宽敞，也要留条后路 ………………………… (255)

第一章
解读心理密码,踏过职场第一道门槛

001 曼狄诺定律：微笑可以带来黄金

在2008年北京奥运会开幕式中，其中的一个表演项目让观看开幕式的观众觉得非常温馨——2008张笑脸。

在众多精彩绝伦的项目中，这个项目尤其让人印象深刻。

普普通通的笑脸缘何会有如此大的魅力？

这就是微笑的力量。

在职场中，你喜欢以什么面目示人？

很多人都认为，职场是个严肃的场合，是一个复杂的名利场，应该严肃、认真对待。要做到严肃、认真，就需要板起面孔，以威严示人。

果真如此吗？

如果你是一个领导，或许你会认为，领导应该有威严，应该板起面孔；如果你是一个普通员工，或许你会认为，整天微笑会让自己降低身份，总感觉是在讨好别人。

这两种心理都是不正确的，作为领导，板起面孔或许会让下属对你敬畏，但敬畏的同时也会越离越远；作为普通的员工，不苟言笑不会让你抬高身价，充满微笑也不会让你低人三分。

如果两个人站在你的面前，一个一脸严峻视你，一个面露微笑对你，你喜欢看谁？喜欢去接近谁？

或许不用说,肯定会去接近那个微笑视你的人,因为对方的微笑让人舒服,在传递着一种友善的信号。

职场应该严肃、认真对待,但严肃认真对待并不代表板起面孔。如果能够以微笑示人,就能收到一种更好的效果。

不管是职场还是社交场合,微笑的力量都是巨大的。

著名企业家卡耐基说:"笑容能照亮所有看到它的人,像穿过乌云的太阳,带给人们温暖。"微笑是世界上唯一一种通用的语言,无论你走到哪里,只要拥有微笑,就能打动人。

同样地,在职场中,微笑是人际关系中最佳的"润滑剂",微笑可以拉近人们之间的心理距离。每当人遇到挫折、心情不佳时,最想看到的就是微笑,最想得到的就是温情。微笑如同伸出的温暖的手,能让陌生人成为好朋友,能帮助人们走出痛苦的泥潭。这就是曼狄诺定律,关于微笑效应的一个理论。

曼狄诺定律主张人们应该真诚地微笑,真诚的微笑拥有巨大的魔力,能够发挥出巨大的作用。

曼狄诺定律发挥出巨大的作用,最显著的事例是20世纪90年代美国著名的企业家吉姆·丹尼尔,依靠一张"笑脸"神奇般地挽救了濒临破产的企业。

吉姆·丹尼尔接手这家企业时,企业千疮百孔,入不敷出。为了挽救随时都有可能倒闭的企业,丹尼尔把"一张笑脸"作为公司的标志,公司的厂徽、信笺以及宣传页上都印上了一个乐呵呵的笑脸。

另外,在工作中,他总是以微笑的面孔穿梭于各个车间,发布公司的命令,进行自己的管理。结果,员工们渐渐被他感染,公司在几乎没有增加投资的情况下,生产效率提高了80%。公司同事之间友爱和谐,上下同心同德,其乐融融,公司的信誉和形象大增,客户盈门,生意红火,不到5年,公司不仅还清了所有欠款,而且盈利丰厚。

在职场中,领导的微笑可以使企业形象更深刻地印在客户的脑海中,可以给下属带来成就感,能够为企业带来意想不到的收获;同事的微笑可以让众多同事之间的关系更融洽,公司的氛围更和谐。在职场上,微笑不仅是一种行为艺术,更是一种心理艺术。

在人际交往的过程中,保持真诚的微笑,会有以下几个方面的作用:

一、保持微笑的人,心境良好。在工作中,面露平和欢愉的微笑,说明心情愉快,干劲十足,乐观豁达,健康向上,这样的人会产生吸引别人的魅力。

二、保持微笑的人,充满自信。面带微笑的人,给人一种自信感,表明对自己的能力有充分的信心,以不卑不亢的态度与人交往,使人产生信任感,容易被别人真正地接受。

三、保持微笑的人,真诚友善。微笑反映自己善良友好,待人真心实意,而非虚情假意,使人在与其交往中自然放松,不知不觉地拉近与对方的心理距离。

四、保持微笑的人,爱岗敬业。工作岗位上保持微笑,说明热爱本职工作,恪尽职守。如在服务岗位,微笑更是可以创造一种和谐融洽的气氛,让服务对象倍感愉快和温暖。

职场中,微笑不仅仅是一种行为艺术,更是一种心理艺术。

002 焦点效应：每个人都有"自我中心"的心理

打开一张集体合影的时候，几乎所有的人，第一眼都会去寻找照片中的自己，然后围绕着照片中的自己继续进行搜索。不仅如此，人们会特别在意自己在照片中的位置、表情、穿着打扮等，同时照片中自己的信息展示给别人的印象会较长的时间保留在自己的大脑中。

不仅仅是一次，无论何时打开照片，人们都会以自己为一个焦点，扩散开来，这种心理作用就是所谓的焦点效应。

心理学中的焦点效应是人类的普遍心理，意思是说人们把自己当作是一切的中心，世界以自己为中心扩散开来，同时会不正确的看待外界对自己的关注。这是心理学中所公认的一个事实——人都是以自我为中心的。

职场是一个涉及名利的场合，这种场合焦点效应更为强烈。

比如，面试一份你非常中意的工作，你会为自己该穿什么样的衣服、什么样的发型、说什么样的话思考良久，和面试官见面的时候，你甚至会紧张得不知所措；

和初次见面的重要客户一起交谈，你甚至会考虑到自己的手该放在什么位置上，担心客户会怎么看你，这些细节会不会影响到这一次的谈判；

和第一次见面的人用餐时，如果你不小心把饮料碰洒了，或者在夹菜的过程中出现了意外,该送到嘴里的菜意外地掉在桌上,你可能会觉得非常尴尬,觉得对方在看你的笑话,甚至会感觉到自己很做作,很假。

这种心理很多人都会有,即使外表表现得不那么强烈,也会觉得不好意思,接下来你的一举一动就会变得小心翼翼。这是很正常的表现,因为我们总想给初次见面的人留个好印象。

职场中的一些人,尤其是一些女性,每次上班前都要花好长的时间打扮自己,甚至一缕头发的位置都要反复打理,直到自己满意为止。在挑选衣服方面,她会将自己的装束打扮搭配到自己认为满意为止。因为她觉得走进公司之后,公司的领导和同事都会注视她,所以必须把自己打扮得漂漂亮亮的,以加深自己留给别人的形象。

其实,这些都夸大了"自我中心"的效应,大家都是芸芸众生中的一人,不会有人注意到你这些细节。如果让你现在回忆昨天和你在一起的人,都说了哪些话,你甚至连对方一句完整的话都难以表述出来。但是如果让你复述你昨天的活动,你会说得非常详细,这就是"自我中心"的心理效应。

职场中,了解了这种心理,就要学会利用这种心理,让对方在"自我中心"的心理下,实现自己预期的目标。

和一个客户的交谈陷入了僵局,小孙作为谈判助理也无计可施,对方的助理开始说一些与业务无关的话,眼看这次的谈判又要落空了。

这个时候,小孙发现客户的身后是一个书柜,前面的桌子上摆着一张客户与美国总统合影的照片,照片一侧竖写了四个大字"大展宏图",照片被裱了起来,看起来客户很珍惜这张照片。

小孙知道,在美国,经常会举办慈善晚宴,美国的总统或者政界要人会邀请当地的一些企业家参加。在宴会上,如果捐助一定的资金,就有机会和总统合影,看来这位客户就是这样。

他很快反应过来,问:"李总,看来你在美国也是一个了不起的大人物,有机会和美国总统合影,这可是国内很多企业家梦寐以求的事情。在国内像您这样的董事长可不多啊!"

客户一听,立刻哈哈大笑:"哪里,哪里,过奖了,这是我以前在美国……"对方讲起了自己的事。

对方谈了一会,很快谈判又继续进行。但是,在面临价格方面的问题上,谈判似乎再次面临着僵局。小孙很快反应过来,说:"李总,照片上的字是您写的吧,真有气势,你对书法肯定也很有研究吧?"对方一听,说道:"过奖了,我以前……"

最后,双方成功地谈成了这笔生意。

职场中,我们在交谈或者讨论的时候,很容易把话题引到关于自己的事上来,并且隔了很久都能清晰记得谈论有关自己的内容。同样地,与别人交谈也是一样的,没有谁愿意听有关别人的事,特别对于陌生人,通常认为是在浪费自己的时间,但对于有关自己的事,都非常有兴趣。

因此,在与别人交谈时,尽量以别人为中心,满足别人的"焦点心理",满足了别人的心理,想实现自己的某种目的就会变得非常容易了。

其实,有的时候,这种焦点心理是多余的,是完全没有必要的。大多数的人,都是属于"观众"的层次,并不是那么受人关注。你偶尔的失误或许根本就没有人看到,即使看到了,人们也是不假思索地就过去了。

003 情感效应：重视附加在沟通中的情感因素

看一件日本历史上著名的政治事件：

日本国会有一次在谈论政治伦理问题时，中曾根首相提议在政治与伦理之间订立一个明确的规范。因为日本国会的严谨态度，一直没有能够将之作为一个问题订立规范。

中曾根首相为了争取主动权，首先征询田中角荣的意见。

在谈话中，中曾根首相感叹地说："我听孙子说，在学校同学们都讥笑他，所以不想上学了。我心里很难过，爷爷的错误竟然要孙子来承担。"说罢，已经是泪流满面。

田中角荣看了，不禁也热泪盈眶，并立刻告诉中曾根首相："我们必须在政治与伦理之间订立规范。"

政界人士分析认为，田中角荣在中曾根首相眼泪的驱使下，失去了分寸，陷入了对方的情感陷阱之中。

历史上许多老奸巨猾的政客都深谙情感效应的道理，即使在公事公办之际，也不忘了使用情感效应这一招，一旦成功，就能从中得到源源不断的好处。

这一招同样适用于职场之中。

不管在职场还是社交场合中，人都是有感情的动物，感情是维系人与人之间关系的一根纽带,感情的亲疏密间形成了主客双方之间不同的利益关系,这种关系一旦失去原则的约束,便会造成评价结果的严重失真。

情感效应在职场沟通的过程中,发挥着至关重要的作用。

当沟通双方有着某种特殊的良好的感情关系时,为了博得对方的欢心,或者怕因坚持原则而得罪对方会给"自我"造成某种不良后果,人们会不惜以牺牲或者违背职场沟通中的公平性、客观性原则为代价,自觉地给予评价对方高于实际水平的利益。对于那些与自己感情较差的对方,人们则给予低于实际水平的评价。

这也是为什么职场中的人特别在意自己的人脉资源的原因,彼此之间因为有了感情基础,在感情的基础上从事某些行为,会得到意料不到的效果。

在职场之中,要与领导、同事、客户处好关系,需要建立在良好的感情基础上,只有建立良好的感情基础,才能在职场中大显身手,走得更远。

职场中,如何与领导、同事、客户建立良好的感情关系呢?

一、给对方留下良好的印象

在职场中,我们留给对方的第一印象至关重要,良好的第一印象是职场成功的开始。为什么在社会上有那么多男女一见钟情,就是因为在第一次见面中给对方留下了良好的印象。在职场中,要想给对方留下好的印象,许多方面需要去注意。

最基本的,着装要合理得当,行为姿态要端正,在与对方的交流沟通中要恰到好处,自然大方。这样更容易亲近对方,减少对方对我们的戒防心理,以方便下一步更深层次交流。

二、寻找共同话题,增加真诚的感情投入

在职场中,一个人的沟通能力非常重要。不管是与领导、同事还是客户,都会有不间断的接触,在与不同的对象接触的同时,要有不同的沟通方式,不同的交流方式。但不管沟通的对象是谁,首先自己要表现出应有的沟通技巧。

比如,在与对方交流时,我们要表现出应有的热情,不能让对方觉得我们僵硬、冷淡。在随后的交谈中,我们要学会观察,谈论一些对方比较关注

的领域和话题,提起对方的交流热情。与此同时,在与对方沟通时,要增加真诚的感情投入,拉近与对方之间的关系,为后面的工作打下基础。

三、有足够的热情,但不宜过火

职场中,与别人交流的过程中,表现出热情是必要的。倘若我们缺乏热情,会与对方之间产生距离。同时,对方可能会觉得我们对其不够充分重视。然而,热情过火也是不可取的,要适度得当,自然大方。过度的热情会显得做作,反而会让对方对我们失去信任。失去了信任,缘何谈情感?

四、用礼物表达感情

中国一直以来就有这么一句话:礼多人不怪。当前已经步入不同的社会,"礼"的含义也失去了原本的意义,我们在职场中,不管是作为领导还是下属,都需要彼此保持良好关系,这就需要我们维护好与对方的联系。我们要想办法拉近关系,与对方建立感情上的联系,一定离不开"礼"。比如,在一些特殊的节假日或者一些合适的时间给对方送上表达心意的礼物,来表示我们真诚的感情,进而更好的维护和巩固对方关系。当然,职场是个敏感的场合,需要小心对待。

职场上的感情投入很重要,这关系着一个人的人脉资源,若想在职场上走得快,走得稳,需要用上情感效应。

004 多看效应：见面时间长，不如见面次数多有效

让你观看一组照片，有些照片出现了二十几次甚至更多，有的只出现几次，之后让你评价对照片的喜爱程度。你是喜欢只看了几次的照片还是看了二十几次的照片？

在美国芝加哥大学，曾经进行过这个实验，结果发现，看到某张照片的次数越多，实验者就越喜欢这张照片。那些只看过几次的新鲜照片，实验者则表示几乎没有印象。也就是说，看的次数增加了喜爱的程度。

这种对越熟悉的东西越喜欢的现象，心理学上称为"多看效应"。

在职场之中，这种现象尤其常见，很多新同事进入公司之后，首先会很容易与自己周边的人熟悉，因为见面次数多。这是因为人都有一种排外心理，对新鲜面孔需要一个接受的过程，因此，见面时间长，往往不如见面次数多给人留下的印象深，更容易产生亲近的感觉；相反，见面次数少，哪怕每次见面的时间较长，也难以消除因为间隔的时间太长而产生的隔阂，甚至可能因为相处的时间过长而产生摩擦。

在职场中，有这样一种人：这些人非常健谈，人缘非常好，性格活泼开朗，善于制造与他人接触的机会，尽管他每次与别人接触的时间较短，但是彼此间却非常熟悉；而有的人，同样的时间，只与一个人交谈，却并没有取得很好的效果。

很多人都有这种感觉，让你评价一个和你关系非常好的人的外形如何，可能你会不知道说他好看还是难看。因为你们之间经过一段时间的朝夕相处后，形象这个问题，逐渐觉得顺眼了，已经无法去判断是丑是美了。

这就是为什么经常在领导身边出现的人，往往容易受到领导的信任，被委以重任的原因了。

李宇是公司里的活跃分子，他几乎认识公司里的每一个同事，很多部门里都有一大帮要好的同事。有的时候，一些部门之间的沟通问题，都会通过李宇来解决。

年终正逢部门领导换届选举，李宇以高票当选为一个小领导。很多同事都很羡慕他的好人缘。后来发现，他的"法宝"就是在休息时间常去别的部门串门。经常在别人面前露脸，一来二去便成了熟悉的朋友。

职场中，如果你想改善自己的人缘，不妨多与同事进行沟通和交流，多到同事的家中走动走动，哪怕只是露个脸，小坐一会儿，也有助于提高你的人际吸引力。

职场上班族，人脉的作用非常重要，自我封闭，埋头苦干想依靠一个人的努力来实现自己的目标，并非明智之举。不妨多与同事搞好关系，多与领导交流沟通，往往能够帮助你赢得群众基础，受到领导的器重。

在职场与领导、同事的交往中，运用"多看效应"可以培养与领导、同事之间的亲密感情。尤其是对于领导而言，而职场中，有些人却总是对领导充满畏惧，害怕见到领导，如果某一天在大街上与领导见面，甚至会刻意避开，这是非常愚蠢和幼稚的行为。很多领导通常都十分忙碌，没有太多的闲暇时间留给某个下属。只有经常出现在领导的视野里，进行频繁而短暂的交流，才能加深领导对你的印象。当领导对你有需要或服务的时候，自然会首先想到你。

张强是保险公司的推销员，在刚刚从事保险行业的时候，为了能够在业务上有所提高，经常采取"死缠烂打"的方式，只要看见潜在的客户有一点空闲时间，便拉住对方喋喋不休地介绍，结果引起了对方的反感，导致推销失败。

后来,他了解了"多看效应",改变了推销策略,经常登门拜访他的客户,只要见到对方很忙碌,他便抽身离开。几次见面后,对方被他的诚意所打动,答应投保。

如今的职场节奏随着生活节奏的加快,也相应地加快。另外,职场是个特殊的环境,让每个人的时间变得极为宝贵,非常有限。

在职场沟通和交往的过程中,如果能运用"多看效应",提高时间的效率,缩短见面时间,增加见面次数,更加容易增进彼此感情,收到事半功倍的效果。

005 喜爱效应:女为悦己者容

美国哈佛大学心理学家麦克·维尔博士为了研究人们对于同一个工作在心理表现上的个体差异,来到某建筑工地上,对现场忙碌的几位建筑工人进行了问卷调查。

维尔博士很客气地问他遇到的第一位工人:"请问你在做什么?"

这个工人正对自己的工作充满了抱怨,没好气地回答维尔博士的话,说:"难道你没看到吗?我正在用这把重得要命的铁锤,费力地敲击着这些又臭又硬的石头,我真是太倒霉了!"

维尔博士往前走了走,又看到第二位工人:"请问你在做什么?"

第二位工人的话语中体现出无奈的情绪,他说:"哎,为了每天50美元的薪水,为了养家糊口,我不得不拼命地敲石头,生活所迫啊!"

维尔博士又看到了第三位工人,发现这个工人表现得非同寻常,尽管和前两位工人一样,做着又脏又累的工作,但他看起来是一副乐观、自豪的样子,满脸喜悦的神情。

维尔博士又问了同样的问题:"请问你在做什么?"

这个工人充满激情地回答说:"我正参与兴建这座雄伟华丽的大教堂。建成以后,这里会有很多人每天都来做礼拜。虽然这份敲石头的工作很辛苦,但是每当想到将来会有许许多多的人来到这里接受上帝的爱,心中就激动不已,也就不觉得辛苦了。"

一个人对工作的感情不同,其工作的热情也就不同。

职场中,有句话说:态度决定一切。什么样的态度,在很大程度决定了什么样的高度。

在生活中,很多人都有自己特别喜欢吃与不喜欢吃的食物,在见到自己喜欢的食物时,会食欲大振,吃得很多;而对自己不喜欢的食物则没有胃口,甚至连一口都不愿意品尝。

在职场中,与人交往同样如此,看到自己喜欢的人,会愿意与对方交往,看到不喜欢的人,甚至都懒得与对方说一句话。

职场工作的内容同样如此,如果从事的工作是自己喜欢的工作,工作起来总会充满激情,积极努力;如果工作的内容是自己不喜欢的事情,就会打不起精神,工作起来也是敷衍了事。这其实说明的是动机问题,因为喜欢,因为有兴趣,进而激发了强烈的动机,积极地去做;如果不喜欢,不感兴趣,就会产生强烈的排斥感,更不会积极地付诸行动。

这种效应在心理学中就是喜爱效应。

职场是人生一个重要的场合,是一个人展现自己能力和实力的舞台,是实现自身价值的平台。一个人的知识、才能等都将在这个舞台上得到展示,不仅获得了自我表现的机会,更会得到完成个人使命的满足,使自己的生命变得充实。

和李凌一同被招入房产公司的,有八个人,这八个人的职位是售楼代表。

李凌进入公司之后,很上进,他觉得这份工作虽然辛苦,每天都要到各个公共场合宣传,但是很锻炼人。他把销售工作当作自己的事业来做,总是在实践中不断地认真地学习和提高自己的能力。他还经常花费双倍的时间、精力来解决市场中的问题。

乐观自信的李凌,能够积极乐观地面对自己遇到的一切难题,对自己的前途充满希望。

李凌有一个很要好的朋友,叫赵国栋,总是抱怨这份工作累,并说这份工作只是暂时谋生的手段,他是做大事的人,不应该做这些高中生都能够胜任的工作。因此,在公司里,他只是按照公司规定办事,一副混日子的态度,终日昏昏沉沉地过着。

很快十年过去了,赵国栋早就离开了公司,李凌因为业绩突出,一路升职,已经升为公司的销售部经理,而赵国栋却不知道流落到哪里去了。

职场中,"态度决定一切",没有端正的态度,没有正确的认识,当然也就无法对工作产生持久的热情和强劲的动力。就比如有句话说"不想当将军的士兵不是好士兵"一样,它体现的是一种实现自我价值的心理,工作除了可以使人得到应有的报酬,即获得物质资料,还能够得到精神上的满足。

职场之中,对待工作的态度决定了未来的高度。只有对工作有了正确的认识,对工作有饱满的兴趣和真诚的喜爱,才会产生持久的热情和强劲的动力,才能有效地实现自身的价值,得到精神的满足。

既然到了职场,就要好好利用这个平台做出一番成就,饱含工作的热情,才会有动力做好工作,因为人们总是会为自己喜欢的事情而努力奋斗。

记住一句话:走进职场,可以微笑着,也可以哭丧着脸。既然可以选择,为什么不选择以微笑示人,让自己看起来更自信一些呢?

006
门槛效应：逐步提出自己的要求，获得最大的让步

职场中，我们不可能一个人行走，一个人吃饭，总是会出现需要别人帮助或者帮助别人的情形。当我们对别人有所求的时候，我们要怎么样做才能最大限度让别人满足自己的要求呢？

有个年轻人跟一个武术高强的人学习武艺，可这个人却什么也不教他，只是让他每天将一群小牛赶到河对岸去放牧。

每天早上年轻人要抱着一头头小牛跳过河，傍晚再抱回来。这样过了三年，年轻人眼看三年要过去，却什么本领都没有学到，感觉自己受骗了。

三年要到了，年轻人责问这位武术高强的人，为什么不教给自己武艺。这位武术高强的人并不恼火，说："你现在跳到房檐上去。"

年轻人试了试，轻轻一纵，居然到了房顶。

这位武术高强的人继续说道："你把这尊石磨举起来。"

年轻人又成功了。

这时年轻人才知道，自己在不知不觉中练就了卓越的臂力和轻功。原来小牛一天天在长大，自己的臂力和弹跳力也在不断地增长，他这才明白师傅的用意。

这就是门槛效应。

这种心理效应反映出人们在学习、生活、工作中普遍地具有避重就轻、避难趋易的心理倾向。职场中,当面对一份困难的工作时,很多人被吓到了,感觉自己根本无法去完成,其实这不是被工作的苦难程度吓到,而是被自己的能力所困扰。

职场中,我们都有这样的体会:

当你请求别人提供帮助时,如果一开始就提出较高的要求,很容易遭到拒绝。如果你先提出较小要求,别人同意后再增加要求的分量,则更容易达到目标。

比如:你是职场新人,接到一份写计划书的任务,可能你会觉得很头痛。选择向一个经验老到的同事求教,如果你一开始就要求对方帮你写计划书,可能会遭到对方的拒绝。但是如果你逐步提出自己的要求,这会起到不同的效果。首先,你虚心地要求对方给你提供一些建议,一般情况下,在好为人师的心理下,对方不会拒绝,在给你提供了一些建议之后,你再提出让对方给你圆满的建议,对方一样不会拒绝,最后你再提出让对方帮你做计划书,对方便会有很大的可能去帮你实现。

不仅仅是在职场,日常生活中有很多利用"门槛效应"的例子:

比如,推销员在推销商品时,并不是直接向客户提出买他的商品,而是先提出试用化妆品、试穿衣服的要求,等这些要求实现之后,才提出购买要求。男士在追求自己心仪的女孩时,也并不是"一步到位",提出要与对方共度一生,而是逐渐通过看电影、吃饭等小要求来逐步达到目的。

加拿大多伦多学院心理学教授华尔兹认为,门槛效应反映的是要求被层层接受的过程。当立刻向别人提出一个较大的要求时,人们一般很难接受,如果逐步提出要求,分成阶梯的形状,不断缩小差距,人们就比较容易接受。这主要是由于人们在不断满足小要求的过程中已经逐渐适应,意识不到逐渐提高的要求已经大大偏离了自己的初衷。

这是因为,人们都希望在别人面前保持一个比较一致的形象,不希望别人把自己看作"喜怒无常"的人。因而,在接受别人的要求、为别人提供帮助之后,再拒绝别人就变得更加困难了。如果这种要求给自己造成损失并不大的话,人们往往会有一种"反正都已经帮了,再帮一次又何妨"的心理。于是,门槛效应就发生作用了。

在职场上,利用门槛效应将看似很难的问题简单化,将别人难以实现的要求阶梯化,逐步缓解要求的困难,最终实现预先的设想。

007 伙伴意识：不要一个人吃饭

职场中，一个人吃饭，一个人行走是一件非常危险的事情。

如果你想在职场中干出点名堂来，更需要有足够多的朋友，同时需要有选择性地交友、有功利性地交友。曾经有人经过统计，认为一个在职场中行走的人，起码应该有一个不下二十人的朋友圈，朋友圈中起码得有一名医生、一名律师、一名小官员、一名警察、一名地痞流氓。

然而，在大多数职场人的交友圈子里，只有领导、同事、同学、下属、客户、潜在客户，除此之外，似乎就没有了。

医生、律师、警察、地痞，这些平常好像很少用到的朋友，关键时刻确实非常重要的，可以说是一个人在职场上行走必需的朋友，最具有功利性的朋友。

不要说交朋友带有功利性就失去了交朋友的意义，交朋友的本质就是功利性，这一点无可厚非。一个和你关系很好的朋友，平时八竿子打不着，这样的好朋友没有也罢。

身体是职场奋斗的本钱，这没有任何非议。交一个医生朋友，功利性顾名思义，到医院看病，有一名医生朋友是值得庆幸的，可以省下很多的冤枉钱，合理用药用材料，替你联系他自己心里清楚的医术高超的好医生帮你看病，这才是真正不可缺的帮助；

职场中行走，律师的作用尤其重要，每当一个律师站在自己的面前，会胆战心惊,担心自己是不是行走在违法的边缘,这就是人人都讨厌律师,但同时都需要律师的原因。人在职场漂,会两招的同时,难免会有落难倒霉的时候,碰上一个赖账或者不明事理的人,律师的作用就体现出来了,他能助你一臂之力;

警察的作用更不用说,常在职场走,哪能不摔跤的。每天上下班,出差,与客户沟通,假如不小心在什么地方跌了一跤,基本上这些事在外人看来很麻烦,如果有一个在警察局的朋友帮你,会像逛街一样的轻松搞定;

职场上拥有一名官员朋友,这是一件非常重要的事情,哪怕他只是一个基层公务员,这里的好处有多少,想必每个人都知道。在此基础上,官越大越好,所谓官商一家,这个结论已经出现了几千年,在你身上延续几十年,也是很简单的事情。

职场上,需要一个流氓地痞的朋友吗?平时的人听到这些地痞流氓就心生反感,没有这些朋友的人极力排斥,只有拥有这些朋友的人,才知道其中的惠处。职场中的一些事情,不是全部能够说明白的,有些无法说明白的事情,用这些朋友去解决,比其他任何方法都简便有效得多。但同时这些朋友不能无限制地使用,他们的副作用也是蛮大的,没有代价只有得到是不可能的,具体怎么考虑性价比,请精密计算。

一次,老赵去找一个老朋友办点事。朋友在城区偏远的地方经营着一个黑作坊,虽然算不上暴利,但收入也是相当可观。

在朋友的黑作坊里,老赵认识了一个不爱说话的中年人,老赵当时手里有几条好烟,准备送给朋友的,看着这个不爱说话的中年人觉得很投缘,顺手扔过去一条烟。和朋友去饭店吃饭的时候,顺便叫上这位中年人,中年人托不掉,应邀而去。饭桌上三个人交谈得很融洽,中年人虽然不怎么多说话,但眉宇之间充满了豪气。

这件事很快就被老赵忘记了。

两年后,老赵去东北长春收一笔已经拖了很久的烂账,无意间遇到了这个中年人,中年人非常热情,非要请他吃饭。在饭席间老赵说明了来意,中年人拍拍胸脯,说:"哥,以前我落魄的时候只有你看得起我,这笔账包在我身上。"老赵以为这个中年人是喝多了酒,说胡话,也没有放在心上。

第二天,老赵在宾馆里还没有起床,中年人拎着一袋子钱上来了,几年的烂账一下子一分不少的全部要上来了。

后来才知道,这个中年人是当地一个有名的黑社会混混,几年前因为犯了事,躲到了老赵朋友的黑作坊里,就这样结识了老赵。

职场中的朋友,你永远都不知道什么时候能够用得着,唯一的方法就是广交朋友,所谓朋友多了路好走正是这个意思。

关于职场的配置,朋友都是最基本的装备。至于更豪华的配置,能拥有就更好,不过既然都是普通人,就以认识普通朋友为主,所谓朋友都是互相利用的,你能用到对方,对方也必须用到你,这才能与朋友画上等号,否则即便你和奥巴马有过交往,你拿他当朋友,他拿不拿你当朋友还是另外一回事呢。

不管如何,职场中都要记住这句话:别一个人吃饭。一个人吃饭,一个人走路是一种非常危险的信号。

008 私人乐园——寻找每个人的特质

有一句名言是这样说的：世界上没有两片完全相同的树叶，也没有完全相同的两个人。每个人都是与众不同的，都是独一无二的。

职场中的一些人，却很好地利用这句名言为我所用。每个人都是独一无二的，这是一种非常重要的心理策略。

在职场中，不管你身居何位，不管你有多少才干，你都是独一无二的。其中，每个人的兴趣与爱好是人与人之间最明显的区别。既然这样，如果能有效利用这种差别与人交往，注意到别人独一无二的特质，就会取得事半功倍的效果。

和一个人交往，对他的外在特征、内在特质都要有一个基本的了解，比如这个人生活中的人和事，曾说过、想过、做过的主要事，他的习惯、嗜好以及他对某些问题的看法，等等。这些都是应该了解和掌握的。在了解这些基本资料的基础上，进而寻找这个人独一无二的特质，这些特质可能是内在的，也有可能是外在的。

寻找特质的心理策略的关键之处在于：从外围着手，在攻入堡垒之前，先了解堡垒的周边环境，以做到胸有成竹。有了这样稳固的基础，在你要逐步接近堡垒时，才能做到游刃有余，准确地抓住对方所想，轻而易举地得到自己想要的结果。

找到对方独一无二的特质,会让对方对你刮目相看。试想一下,每个人都有着相同的器官,两只眼睛、一张嘴巴、一只鼻子,你夸奖他交际能力强,别人也有可能夸奖过,这并不是特质,特质是别人没有注意过的角落,经过你的提点之后,他会表现得非常热情。

一位优秀的销售人员就曾把这种人们赖以生活、活动的个人空间称之为"私人乐园",这是很高明的。能在人际交往中顺利地进入他人的"私人乐园",是取得成功的重要原因。

李南是一家公司的总经理,公司刚刚成立的时候,只是一间家庭式的小公司,公司里有六个员工,但是李南在短短的两年之内,就将公司发展成为拥有六十多人,具备业务部门、设计部门的中等规模的广告公司。拥有如此大的成就,除了他个人的能力之外,还有一个非常重要的原因——善于走进别人的"私人空间"。

每个员工到岗,他都会了解他们的资料,特别是生日。每次到员工生日的那天,他会将他们的工资提前发放,并额外发一些钱,作为生日礼物。这一小小的举动,调动了员工的积极性。

或许这样的小事看起来非常简单,并没有什么特殊的意义。然而,正是这样简单的小事,却发挥着不可估量的作用。

威尔斯在初任美国一家钢铁公司总经理时,就面临着一个很大的麻烦。由于前任的总经理很得人心,这更加导致了他的下属对他不太欢迎,也没有几个人支持他,所以他的工作很难做。

为了改变自己在下属心目中的形象,也为了自己以后的工作开展得更顺利,威尔斯要了一点小聪明:在他给下属写的有关业务的信件中夹杂点私人话题,或写几句话谈谈收信人最感兴趣的事,或谈及收信人的特殊才能、收信人的家人和朋友,或顺便提起他们上次见面的愉快情形,等等。

很快,这种方法起到了效果,没过多长时间,几乎所有的下属都开始拥戴威尔斯了。

其实，这种让他人感觉到你的关注的方法是十分简单的，但简单的方法却往往会收到让人意想不到的效果。

职场之中，真诚地重视那些与他人息息相关的事情和他们特别关注的事情，运用这样一个再简单不过的方法，就可以满足职场中所有想赢得好感的人的自尊心。

009 围场策略：成功就在你坚持的最后一刻

英文中有一句话，很多人耳熟能详，Nothing is impossible，意思是一切皆有可能。

职场中，要时刻记住这句话：一切皆有可能。这不仅仅是一句广告语，更包括人生的一些职场成功的深刻道理。

人生难得的是敢想敢做，在职场中皆有高峰也有低谷，无论身处顺境还是逆境，如果连想都不敢想，自然就无从"做"起了；只有敢想，才有可能成功。

有些时候，一个积极的心理暗示足以能够激发出让人震撼的力量。

日本现有1.35万间麦当劳店，一年的营业总额突破40亿美元大关。拥有这两个数据的主人是一个叫藤田田的日本老人，日本麦当劳名誉社长。

藤田田1965年毕业于日本早稻田大学经济系，毕业后在一家大电器公司打工。1971年，他开始创立自己的事业，经营麦当劳生意。麦当劳是闻名全球的连锁速食公司，采用的是特许经营资格经营机制，而要取得特许经营资格是需要具备相当财力和特殊资历的。

当时的藤田田还只是一个才出校门几年、毫无家族资本支持的打工一族，根本就无法具备麦当劳总部要求的75万美元现款和一家中等规模以上银行信用支持的苛刻条件。

只有不到5万美元存款的藤田田,看准美国连锁速食文化在日本的巨大发展潜力,决意要不惜一切代价在日本创立麦当劳事业,于是绞尽脑汁东挪西借筹款。

然而事与愿违,5个月下来,他只借到了4万美元。面对巨大的资金落差,要是一般人,也许早就心灰意冷,前功尽弃了。然而,藤田田却偏有对困难说不的勇气和锐气。

为了让自己的梦想付诸实践,他走进了银行总裁办公室。藤田田以极其诚恳的态度,向对方表明了他的创业计划和求助心愿。在耐心细致地听完他的表述之后,银行总裁说:"你先回去吧,让我再考虑考虑。"

藤田田听后,心里即刻掠过一丝失望,他知道这只是一句场面话,对方已经在心底准备拒绝他了。

他马上镇定下来,恳切地对总裁说了一句:"先生,可否让我告诉你我那5万美元存款的来历呢?"

对方回答说:"可以。"

"那是我6年来按月存款的收获。"藤田田说道,"6年里,我每月坚持存下1/3的工资奖金,雷打不动。6年里,无数次面对过度紧张或手痒难耐的尴尬局面,我都咬紧牙关,克制欲望,硬挺了过来。有时候,碰到意外事故需要额外用钱,我也照存不误,甚至不惜厚着脸皮四处借贷,以增加存款。我必须这样做,因为在跨出大学门槛的那一天我就立下宏愿,要以10年为期,存够10万美元,然后自创事业,出人头地。现在机会来了,我要提早开创事业……"

藤田田一口气讲了10分钟,但是总裁依旧没有任何的表示。

藤田田依旧没有放弃,他相信只要自己能够坚持,一定会打动这位总裁的。

他继续述说着自己的经历,并告诉了总裁自己存钱的那家银行的地址。

总裁听了之后,说:"好吧,年轻人,我下午再给你答复。"

送走藤田田后,总裁立即驱车前往那家银行,亲自了解藤田田的存钱情况。柜台小姐了解总裁来意后,说:"哦,是问藤田田先生呐,他可是我接触过的最有毅力、最有礼貌的一个年轻人。6年来,他真正做到了风雨无阻地准时来我这里存钱。老实说,这么严谨的人,我真是要佩服得五体投地了!"

听完柜台小姐的介绍后,总裁大为动容,立即拨通了藤田田家的电话,告诉他银行可以毫无条件地支持他创建麦当劳事业。藤田田追问了一句:"请问,您为什么决定支持我呢?"

总裁在电话那端感慨万端地说:"你的坚持深深地打动了我!"

果然,藤田田成功了,而且取得的是让人刮目相看的成功。

后来,藤田田在自己最珍爱的日记本上写下了这么一句话:创业路上的险阻再多再大,你也要勇敢地迎上去。只要有勇气有毅力,人生在零度也能沸腾!

职场中,在遇到困难的时候,首先想到的是如何解决这个困难,而不是左右衡量这个困难到底有多大。困难越大,对你产生的阻力越大,然而,一旦你树立了征服困难的信心,困难就立刻会缩减。遇到困难不要放弃,坚持到最后一刻就是胜利。

010 黑白珠子法则：冷庙门前也要烧烧香

职场中，人际关系是一门非常复杂的课程，运用得好，可以帮助你在职场上少走很多弯路，运用得不好，会让你在职场路上充满荆棘。

美国心理学教授安德森在这方面有独到的策略，他的黑白珠子法则让很多人受益匪浅。

安德森在办公室的桌子上，放着两个瓶子，旁边放着许多黑白珠子。一个瓶子装的是"借出的人情"，另一个装的是"积欠的人情"。假如今天欠别人一个人情，他就在"积欠的人情"瓶子里放一个黑珠子。假如今天给别人一个人情，他就在"借出的人情"瓶子里放一个白珠子。他永远使"借出的人情"这个瓶子保持比"积欠的人情"的瓶子满。

正是这样，他才拥有很好的人脉网络。

在黑白珠子法则之中，并不是送出去的每一个人情都能收到回报，但是如果能够把握住机会，在别人都不愿意送人情的时候送给别人人情，将会得到送出人情几倍的回报。

职场中，有很多暂时不得志的人，但是不得志仅仅是一时，将来可能会时来运转，成为人中龙凤。所以我们在借出的人情时候，要有长远的眼光，多关注身边的一些"潜力股"。

每个人都不想被人当工具用,都不想在别人需要自己的时候才想到,用完自己之后就将自己晒在一旁。如果你因为用到了某人,才提上礼物去拜访,即使礼物再丰厚,效果也不是很明显。这就跟烧香一样,有些人没有长远眼光,看不到冷庙菩萨的用处,只注意到香火繁盛的热庙,忽然遇到事情需要冷庙菩萨帮忙了,再带着香火过去,这样的做法可取吗?

有句话说:雪中送炭比锦上添花的效果要好千倍万倍。

为人处世的过程中,很多人只对那些风光无限的人才会顶礼膜拜,对他们吹嘘追捧,在他们风光的时候锦上添花,这显不出你的诚意,风光无限的人对你也不会有特别的好感,当遇到事情有求于这些人的时候,你也只会被别人当成普通中的一员,不会给予特别的照顾。

但是对于那些一时不得志的人就不一样了,他们可能是潜力股,暂时处于下风,但是一旦出现东风,便会乘风而上。如果你在他们被人冷落的时候,给予真诚的帮助,他会对你特别的在意,哪怕你的帮助只是一点点,无关大局,但是对于他来说,无异于雪中送炭。日后他出头之日,有事有求于他,自然会特别照顾,不会把你当成趋炎附势之人。

宋襄公,是春秋五霸之中最特殊的一个。发家之时一心要接替齐桓公霸业,由于影响力较低,很少有人响应。

但是他之所以能成一时霸业,完全是因为宋襄公有着别人没有的美德,就是善于在别人苦难的时候提供帮助,为自己积累下很好的人脉。

对那些位居人中之龙的人物,宋襄公会去拜访,对于那些身处困境之中的有志之士,宋襄公也会尽力地提供帮助。

有一年,晋国的公子重耳,在宋国的邻国曹国受到侮辱,来到宋国,宋襄公根据仁义的道理款待了重耳,宋国刚战败,国家贫穷,但仍送出了20乘车的大礼。这对重耳不是锦上添花,而是雪中送炭。这个仁义的举动为宋襄公死后5年化免了一场亡国之灾——楚国攻打宋国,晋国公子重耳因为受过宋襄公的款待,出兵救宋,在城濮大败楚国。

一个人能否发达,要看机遇。如果你的身边有怀才不遇的人,就是冷庙,你应该与热庙一样看待,时常去拜访,在他困难的时候提供适时的帮助,这样,日后他否极泰来,第一要还的人情债当然是你,如果你有困难,无须你张口,他也会主动给你提供帮助。

小江就因为在朋友需要帮助的时候,提供了力所能及的帮助,最后获得了丰厚的回报。

小江原本是一家物流公司的员工,有个朋友是做贸易的,叫小刘。偶然一次听到以前的朋友说小刘最近生意出现了很大的困难,出于朋友的关心,小江主动去看望了朋友。

原来,小刘的确在生意上出现了很大的问题,手里有一批货物一时没有找到销路,眼看着一批货物在自己手里烂掉,损失了很多钱,小刘一筹莫展。

小江主动掏出了几百元钱,借给小刘,说:"我现在手里也没有什么钱,但是你不要太着急,总会有东山再起的时候,我相信你的能力,这点钱你先留着用,不需要还了,以后有困难我会尽量帮助你。"

这件事情小江在过后不久就忘记了,但是两年之后,小刘找到他,这个时候的小刘已经是一家物流公司的总经理。他说他永远都忘不了小江当时的帮助,当时自己生意失败,很多人对自己是怕而远之,但是小江却主动给自己提供了帮助,让他看清楚了什么是真正的朋友。他这次找小江的目的就是希望和小江一起经营物流公司。

俗话说:"在家靠父母,出外靠朋友",每个人生活在社会上,都要靠朋友的帮助,但是平时礼尚往来,相见甚欢,甚至婚丧喜庆,应酬之类的,几乎所有的朋友都是相同的。而一朝势弱,门可罗雀,能不落井下石,趁火打劫就不错了,还敢期望雪中送炭,仗义相助吗?

如果你在朋友最需要的时候提供帮助,你就为自己积累下了很好的人脉。

"人情冷暖,世态炎凉",趁别人需要帮忙的时候,认准身边的潜力股,多与他们结交,使之能为己用,这样的发展才会潜力无穷。

所以，从现在开始，对于那些失意之人，也应该以礼相待，尽量提供帮助，对其中怀才不遇的人，要学会长期"投资"，这样，一旦对方出头，你也就跟着沾了不少光。

第二章
职场心理效应,一开口便知对方下一步棋

001 相由心生，根据表情摸清楚对方的心理

中国的佛教有一句充满哲理的话：相由心生。

寓意是指，世间所有的幻变皆因内心意念而起。的确如此，人都是有情感的，有什么样的心境，就有什么样的面相。一个性格悲观的人，眼神总是充满着倦怠，一副对任何事情都无所谓，爱怎么着就怎么着的样子；而性格乐观的人，眼神总是充满着光芒，做事情充满着激情，似乎任何困难都无法动摇他的决心。

人是一种特殊的动物，面部可以表现出成千上万、不计其数的十分微妙的表情，而且表情的变化十分迅速、敏捷和细致，能够真实、准确地反映内心的情感，传递信息。

在职场上，那些善于沟通、圆滑的人，总是能够做到八面玲珑，就是因为他们比较善于观察别人的表情，根据别人面部所表现出的各种各样的情感，找准关键，找到对方关注的事情，从而采取针对性的策略，吸引对方的注意，占据主动。

很多心理学家能够在你未开口之前，就从你的面部表情上得到了一些信息，对你的气质、情绪、性格、态度等有所了解了，然后针锋相对，帮你解开心结。他们并没有什么特别的能力，只是比较擅长根据面部表情，从而判断出人的内心所想。

因此,在社交场合中,有句话说得好,看人先看脸,脸是人的价值与性格的外显,所谓人逢喜事精神爽,正是说明这个。这里的脸面不仅是指人的长相,更多的是指面部表情。

职场与上司打交道的过程中,尤其要注意上司的表情,当上司铁青着脸的时候,尽量不要走近他,不要去汇报工作。因为此时的上司是一个炮药桶,正在濒临着爆发,一旦你有一点不顺他眼的地方,哪怕是微不足道的一点,也会成为他眼中的一粒沙子,变成了别人眼里的沙子,免不了要受到一顿"揉搓",这种滋味是很不好受的。尤其是犯了错误的时候,更不要在上司不高兴的时候走近上司的办公室。因为你的错误会在他的情绪控制下,扩大十倍、百倍,甚至变成不可饶恕的错误,仔细想想,何必呢?

业务部的小李因为在计算中的疏忽,让公司损失了一笔钱,小李知道这个错误迟早会被发现,不如自己承认,可能会从轻发落。

看到经理走进了公司,他走过去,却发现上司紧缩着眉头,一脸严肃,俨然是心中不愉快,他赶紧退了出来,觉得此时如果进去,会有很严重的后果。

这个时候,一个同事进去了,果然,一分钟之后,小李听到了办公室传来的责备声,说:"这点小问题还用来问我吗?不是告诉过你,这种事情自己就可以决定了吗……"

小李看到同事一副丧气的表情地走出来。

两天后,经理提出请同事们吃饭,在宴会上,看到经理满面红光,小李猜测经理遇到了什么喜事,就讨好地问:"看经理满面红光,一定有什么喜事?说出来让我们这些下属也高兴高兴。"

果然,经理高兴地讲出了事情的缘由。两天前因为生意出了些问题,居然很快好转,而且额外得到了一笔不小的利润。

原来如此。

在宴会上,小李找了个机会,向经理说出了自己的错误,经理摆摆手,说:"没事,不用在意,以后注意些就行了。"

这就是会把握时机,利用时机的表现。

在职场中，总会经历各种事情，有不顺心的时候，也有成功的时候，这个时候，人的心情总会在表面上得到体现。如果你看到一个人脸色发青、发白，则表示生气、愤怒或受了惊吓异常紧张的表示。脸上的眉毛、眼睛、鼻子和嘴更能表示极为丰富细致而又微妙多变的神情：皱眉表示不同意、烦恼，甚至是盛怒；扬眉则表示兴奋、庄重等多种感情；眉毛闪动则暗示欢迎或加强语气；耸眉的动作比闪动慢，眉毛扬起后短暂停留再降下，表示惊讶或悲伤。

除此之外，人的眼睛是最能反映人的内心情感变化的，职场中，有些人一直保持着一副平静的面孔，让人很难能够看出内心的情感，这类人多为领导级别的人物，因为他们为了保持领导的威严。

但只要你细心观察，一样可以看出端倪。

有句话说：眼睛是心灵的窗口，不会隐瞒更不会说谎。

经过一些心理学家的研究，一般来说，眼睛正视表示庄重，仰视表示思索，斜视表示轻蔑，俯视表示羞涩。但它有个显著特点：看到很喜欢的人或事物，瞳孔会增大；看到不喜欢的人或事物，瞳孔则会缩小，甚至会缩到针眼那么细小。一些赌场高手甚至可以从对方的瞳孔中知道对手手上的牌，因为瞳孔不会撒谎。

人的眼神是一个重要的信号，在职场中，一个人的眼神不对头，必然影响人际交流。如果一个人在向别人陈述什么事情的时候，他的眼睛总是左顾右盼，而不注视在听他述说的人的脸上，很容易引起对方的怀疑，认为他说的话是虚假的。

因此，无论何时，同别人说话时，眼神应当注视对方的脸上。忽略了这一点，或是具有不好的习惯，会使人对你难以信任。

不管如何，在职场之中，要学会通过观察对方的表情来摸清楚对方的心理，进而采取针对性的措施。

相由心生，交际中，一些圆滑的对手，完全不必通过谈话内容来了解你，只需要你的面部表情就能够了解。可见，面部表情能够传达复杂而微妙的信息。

002 满足心理，别与对方走岔路

职场中，每个人既有明显的个性心理，也有普遍的共性心理。与别人交往的过程中，如果能针对人们的共性心理切入交际活动，会获得满意的交际效果。

比如，满足对方的心理需要，就是一个非常好的方法。满足对方的心理需求，赢得对方的好感，是一些职场交际高手最擅长的方法。

西方哲学家马斯洛说，人的需要由低级向高级分为五个层次：生理需要，安全需要，从属和爱的需要，尊重的需要，自我实现的需要。将这些人类共同的需要应用于沟通的过程中，需要做到善于体察人心，了解对方最迫切的需求，有的放矢，并采用适当的方式予以激发和满足，使之产生所要求的行为。

爱新觉罗·多尔衮，是努尔哈赤第十四个儿子，皇太极的弟弟。帮助清军完成大清一统基业的之后，成为摄政王。但是野心勃勃的多尔衮一心想当皇帝，每天做着皇帝梦。

一天，多尔衮正在午睡，一位侍婢按时端来参汤，准备供多尔衮醒后进补。谁知这位侍婢进门时不慎，将手中珍贵的羊脂玉碗打翻在地，化为碎片。玉碗的破碎声惊醒了多尔衮，他的美梦被侍女惊醒，气得脸色发紫，大声吼道："今天我非要你的贱命不可！"

在这生死存亡的时刻，婢女连忙跪着哭诉："这不是小人之过，婢女有下情不敢上达。"

多尔衮大骂道:"快说,看你死到临头,还有什么下情?"

侍婢哭着回答:"奴婢端参汤进来,看见床上躺的不是摄政王。"

"混账东西,"多尔衮更加怒不可遏,"床上不是我,能是谁?"

"小人不敢说!"婢女哭声更大了。

多尔衮气得陡然立起,咬牙切齿地说:"你再不说,我立刻杀了你!"

"我说,我说,床……床上……床上躺着一条五爪大金龙!奴婢一见,吓得跌倒在地……"

多尔衮一听,心中不由一阵狂喜了,以为自己是真龙转世,真是要登上梦寐以求的皇帝宝座了。多尔衮怒气全消,不仅饶恕了婢女,还拿出一锭银子赏给婢女。

婢女终日侍奉多尔衮,对他梦想当皇帝的心理当然体察入微。当惊醒了摄政王,摄政王大怒、生死攸关之际,婢女情急智生,顺口编出"五爪金龙惊落玉碗"的故事。这故事正好"印证"了多尔衮的美梦——真龙转世,满足了他的心理需求,使多尔衮化盛怒为狂喜。婢女不但捡回了小命,还得到了"皇恩"。

这就是要掌握对方需要的重要性。攻心就是如此,只要满足了他的心理需要,事情就会变得水到渠成。

职场沟通中,如何把握对方的心理,满足对方的需要呢?

一般而言,在职场中,每个人都非常在乎自己的面子,尤其是在中国,爱面子更被视为一种传统,甚至可以和尊严画上等号。因此,给予别人足够的面子,不失为一个良策。

比如,经常有的放矢地赞扬对方,满足对方的心理。职场中的人,都有一种证明自我价值的需要。真诚的赞扬不仅能激发人们积极的心理情绪,得到心理上的满足,还能使被赞扬者产生一种交往的冲动。但如何赞扬也是一种学问,需要细细琢磨。

另外,人都有好为人师的一面,需要做到勤于求教,满足对方的自炫心理。人们对于自己具备的技能都有一种引以为荣的心理,如果想同这些人结识相交,求教是最有效的手段。这种求教只能偶尔为之,并且在人多的场合为好,如果经常为之,则未免让对方产生一种交友不慎的感觉,这就得不偿失了。

表示欣赏,满足人的自信心理也是一种非常不错的攻心术,一个人的眼中往往只能看到自己,对自己所崇信的对象或采取的做法坚信不疑,有时宁愿相信自己一向认定的事实,也不愿意接受来自他人的纠正。对方所喜欢的东西如果能够得到你的欣赏,你便能得到他的认可。

小刘喜欢模仿古人写一些文绉绉的律诗,同事小李虽不是很懂,也不知道写得如何,却赞美他的诗"华丽",并欣赏地一再表示"真不错"。这使小刘的心情格外舒畅,马上把小李奉为了"知己"。

除此之外,在职场中我们经常能够听到这样的话:谁与谁说不到一块去,一见面就顶牛;谁与谁很投缘,恨不得能穿一条裤子。说不到一块去就是没有共同的兴趣和爱好,很投缘就是情趣相投。人们一般都喜欢和那些与自己有"共同语言"的人交往,而兴趣相左的人交往则往往不大容易成功。因此,如果你希望交际成功,就可以从寻找共同情趣切入。

小吴所在的公司,有一个特殊的现象,公司的成员分为很明显的两种派别:老者和年轻人。年轻人多被标榜为80后的新人,这些人年轻有魄力,思想先进;那些老者则自恃功高,对这些小辈不屑一顾。小吴则是很好的使用了攻心术,成功地实现了自己的蜕变。首先,小吴主动问候他们,满足了对方希望获得尊敬的心理。在职场中,获得尊重既是一个人名誉地位的显示,也表明了对方的德操、品行、学识、才华得到了认可。无论是年长的还是年轻人,位尊者与位卑者,都期望别人尊重自己。小吴每天就非常注意这些方面,提出向他们学习,同时将自己懂得的简单易懂的电脑知识教给他们,很快,小吴就得到了他们的认可。

职场是一个特殊的场合,是为了共同的利益走到一起的"战友",需要学会攻心术,满足对方的心理,从这个角度出发,十有八九会有一个圆满的结果。

003 若想让他人喜欢你,就让他"胜过"你

职场中,若想让别人喜欢你,就让对方"胜过"你,当然,这个胜过并不是真正的胜过你,而是藏起自己的锋芒,关键时刻再大显身手。

很多初涉职场的人才,往往抱着"赢在起跑线"的心理,急于显露一下自己的才能和实力,盼望尽快得到他人的认可和刮目相看。为此,表现得锋芒毕露、急于求成,凡事都要争个"先手",有时还会来个"抢跑"。但是,过早地掀起和卷入竞争,也会造成某些潜在的被动。

这些锋芒毕露的人,在无形中将自己放在一个较高的起点和定位上,因为处处显露自己的才干和见识,让人们会产生一种心理定势,认为你总能比别人强。在职场中,人们都有这样一种奇怪的现象:对处处锋芒毕露的人,不是敬意,而是讨厌。一旦你有遗漏和失误,就会陷入非常危险的境地,身边的人轻则说你欠火候,重则落井下石,幸灾乐祸地说这是自高自大的人最好的报应。

这就是职场。

职场中,大家能够走到一起,平起平坐,能力七七八八,不会有太大的差距。业务方面,你能胜任的,其他人不会比你差多远,甚至还会比你做得更好,但为什么有些人会越走越快?有些人却逐渐掉了队?关键在于处事方法。

一般而言,事事争先,无论什么事情,都一定要胜出,这样的人极易遭人嫉妒,让别人心生怨恨。另外,锋芒毕露的机会,大多是平时的一些小事,在这些小事出风头,争强好胜,对这些人并没有什么好处。在你需要帮助时,你的同事未必会愿意;在你的工作中,你的领导也未必欣赏你。不管承认与否,多数领导不喜欢锋芒毕露的属下,这是事实。

　　与锋芒毕露相反的是收敛锋芒。
　　职场中,做到韬光养晦、收敛锋芒,不仅体现出一个人的修养,更是一种智慧,有利于一个人不断地进步,谦虚谨慎地向他人学习。每个人都有自己的长处,也有自己的弱点,即使别人比你差,可能也有值得你学习的地方。收敛起自己的锋芒,学习别人的长处,弥补自身的不足,不断地完善自己,提高自己。不仅能够让别人喜欢你,还能够提高自我修养。
　　让别人"胜过"你,看起来比你强,在某些特殊情况下,还能够起到麻痹对手,缓解与对手的紧张关系,使对手放松警惕的作用。

　　三国中的煮酒论英雄就是最典型例子。当时,刘备早有争天下之心,只是在曹操面前摆出一副种菜耕田、胸无大志的样子。如果他这时就锋芒毕露地显示出来争夺天下的野心,恐怕早被曹操杀了,更不会有后来三分天下的情形。
　　总之,在职场中,学会韬光养晦,收敛锋芒,谦逊地向他人学习,这样才能让别人喜欢你,才能赢得他人的帮助和支持,更有利于迈向成功,而锋芒毕露是职场上的大忌!

004 口头语读出对方的心理

职场中,一句口头语可以读出一个人的心理。

如今的小年轻,都以带口头语为个性,即便是走上职场,因为长期养成的习惯,口头语也同时走进了职场,结果给很多人留下了不好的印象。

不仅是职场新人,就连一些职场老手,也在口头语这方面有过蹩脚的经历。

口头语是在一个人说话中出现得比较频繁的词语,比较简短。口头语是在不经意间,经过长时间的非主观的环境下,逐渐形成的。

口头语常常是不受人控制,总是在不经意间说出,就是这样长时间养成的口头语,成为初次交际判断一个人的素质以及能力的重要参考依据。

看下面这个事例:

张主任从事经贸工作,接待了一个客户,在与客户第一次接触之后,在公司的内部会议上,张主任决定放弃这个客户,很多人表示不了解,纷纷询问原因。

张主任说:"从他的口头语中我就已经发现他不是一个诚实的人,至少不是一个好的合作伙伴,以后我们从他那里得到的货源可能会存在这样或者那样的问题,与这样的一个客户打交道会很伤脑筋,所以还是换其他的客户吧。"

"他说什么口头语了？"市场部经理不解地问道。

"他说每一句话之前都要加个'不骗你说'，这样的人没有底气，而且说话不实在，如果他的货源比较好，底气很足的话，会这么说吗？"

的确如此，一个喜欢带这种口头语的人，和别人打交道，的确不让人放心。不仅仅是这种口头语，其他的口头语也能反映出一个人某些方面的性格。

小李曾经有机会接触到一个东北的客户，东北人的性格豪爽，大气，而且不拘小格，武侠小说里典型的代表人物就是萧峰。以前只听说东北男人豪爽，小李和一个东北大姐接触之后，才发现东北大姐也是与众不同。

当时小李去东北市场购进一批长白山的药材，客户是一个三十出头的女人。初次交谈的时候，两个人简单地聊了聊品种和价格方面，客户拿出来一些资料，让小李大致了解一些。

小李在里间认真地看起来，隔壁正好过来一个人去那里，借用一下电脑。刚刚和小李交谈的人，刚到那里就骂开了，'傻X''他妈的'几个口头语一起使用，直让小李大跌眼镜。有人问起缘由，那个女子再一次开骂："他妈的，我们公司的网突然断了，靠！我正准备打印一份文件，靠！"

小李心想："这样的合作伙伴不说脏话不开口啊，一开口就不干净！看来不能交往。"

可想而知，这次的合作肯定是失败了。

口头语很多时候反映出人的心理，心理学家总结出来一些口头语所代表的说话人的主观思想：

说"真的"、"老实说"、"的确"、"不骗你"，此人有一种担心对方误解自己的心理，性格有些急躁，内心常常底气不足，信心不足，而且内心充满不安。

说"应该"、"必须"、"必定会"、"一定要"口气比较肯定的人，说这些话的人自信心极强，显得很理智，为人冷静，自认为能够将对方说服，令对方相信。"应该"说得过多时，反映了有动摇心理，长期担任领导职务的人，易有此类口头语。

喜欢说"听说"、"据说"、"听人讲"的人,其所以用此类口头语,是给自己留有余地的心理形成的。这种人的见识虽广,决断力却不够,很多处事圆滑的人,易用此类语。

经常说"可能是吧"、"或许是吧"、"大概是吧"之类的话的人,自我防卫本能甚强,不会将内心的想法完全暴露出来。在处事待人方面冷静,所以,工作和人事关系都不错。此类口语也有以退为进的含义,事情一旦明朗,他们会说,"我早估计到这一点"。从事政治的人多有这类口头语,这类口头语还有一个很重要的特点,就是隐藏了自己的真心。

喜欢说"但是"、"不过"的人,有些任性,因此,总是提出一个"但是"来为自己辩解。同时也是为保护自己而使用的,这些口头语也从侧面反映了温和的语气,它显得委婉、没有断然的意味。从事公共关系的人常有这类口头语,因为它的委婉意味,不致令人有冷淡感。

习惯用"啊"、"呀"、"这"、"这个"、"嗯"的人,常是词汇少,或是思维慢,在说话时利用作为间歇的方法而形成的口头语的习惯。因此,使用这种口头语的人,反应是较迟钝的,也会有谨慎的公务员有这种口头语,因怕说错话,需有间歇来思考。

职场中能不带就尽量不要带口头语,既可以让自己的口才显得干脆果断,也不至于泄露自己的心理活动。

当然,带点口头语当然无可厚非,但是绝对要记住,不可以带脏字的口头语,如果和别人说话,一开口就是脏字,很容易引起人的反感,尤其是职场的一些年轻人。

005 将高帽戴在对方的头上，为我所用

每个人都有虚荣心，都希望听到别人的夸奖，这是人性的弱点。

职场中，没有人会拒绝别人的夸奖，甚至会对别人的夸奖感觉到任何一点厌恶，除非夸奖的话说得太离谱。即便嘴上说着谦虚的话，但是心里早就已经乐开了花。这就是戴高帽。

职场中，不管是领导、同事、客户，没有人不喜欢听奉承话。有的时候即使明知对方讲的是奉承话，是对自己的一种恭维，心中还是免不了会沾沾自喜。

这是一种非常有效的攻心术，试想，一个对你的话充满赞同和好感的人，还会讨厌你吗？

小张去参加一次面试，在和面试考官进行谈话的时候，考官说："我们以一种比较轻松的心态来面试，不要将面试搞得那么严肃。"听完这句话之后，小张笑了，说："现在的人每天都是神经紧绷，能像先生你这样幽默的人真的太少了，职场中就是缺少你这样既有风度又有幽默感的人。"这句话让面试官非常高兴，不知不觉之间两个人之间的距离就拉近了。

人都有一个喜欢与人比较的心理，当你用一种与别人比较的方式来给人戴高帽，就会让戴高帽的人有一种优越感，不管怎么说，能做到这一点，至少你已经将高帽送出去了。

我们每个人都渴望赢得别人的赞美和肯定,所以人们都喜欢被别人戴高帽。而送高帽正好迎合了人们的这种欲望。恰到好处的给人戴顶高帽,高兴的是别人,有利的是自己,同时你不费吹灰之力地送高帽便能将别人掌握在自己的手中,为自己所用。

一位得道高僧考问学成出师的弟子:"你初到社会打算以何作为立身处世之本?"

弟子成竹在胸地说:"我已经做好了一百顶高帽,现在要带上九十九顶出师门。"

得道高僧皱起眉头责问:"这话什么意思?"

弟子轻松答道:"人人都喜欢听奉承话。遇到需要时,我就送顶高帽给他戴上。"

高僧气得两目圆睁,怒斥道:"我苦口婆心教你多年,要你做人行正走直。不想你却不走正道,太令我痛心失望了!罪过,罪过啊。"

高僧痛苦得捶胸顿足、摇头晃脑,弟子却不慌不忙地说:"师父教诲确是金玉良言,弟子没齿难忘。只是当今社会像师父这样刚正不阿又不受人吹捧的人,这世上恐怕再也找不到第二个了。"

高僧听了,心里感到这话非常受用,顿时眉头舒展转怒为喜,连连点头应道:"那当然了,这是为师一贯的做人准则。"

弟子把留在师门的那顶高帽,自然而然地给师父戴了起来,只可怜这位修炼了大半辈子的得道高僧却浑然不觉怡然自得。

由此我们可以看到高帽的威力无边,连佛法高深的高僧都有向高帽低头的时候,还需要担心高帽不能发挥出作用吗?

但是,戴高帽并不是一件简单的事情,戴好了,当然会起到事半功倍的效果,如果戴得不好,可能就会得不偿失了,需要仔细斟酌。

给别人戴高帽的首要条件,是要有一份诚挚的心意及认真的态度,让别人在不知不觉之间接过了你送上的高帽,并且自己给自己戴上。但是给别人戴高帽的时候要注意用语恰到好处,让他不知不觉之间就会有迎合你的心态。

人的语言会反映一个人的心理,轻率的说话态度,很容易被对方识破,而产生不快的感觉。许多商店的售货员为了扩大销售量,也很会给顾客戴高帽。只有要顾客在柜台前试穿衣服,旁边的售货员就会说,您穿这件衣服真漂亮,特别配你的肤色,穿上这件衣服让你看起来既高贵又典雅……虽然这些话每天都能背上几十遍,但是还是能让顾客乐呵呵地买下这件衣服。如果有顾客试衣服,你说这件衣服你穿着不错,你的腿比较粗,很难能买到合适的衣服,这件衣服正好能弥补你腿粗的特点……我相信,一旦你说了这些话,你衣服的销量估计就要停滞了。

有句话说:看什么鱼,放什么饵;见什么人,说什么话。给人高帽戴也是如此,不能乱戴。对于不了解的人,最好先不要冒冒失失的就去戴高帽。要等你找出他喜欢的是哪一种赞扬,才可进一步交谈。最重要的是,不要随便恭维别人,有的人不吃这一套。

戴高帽说白了就是恭维,只是说法不同而已。同一种意思的表达有的时候却能够起到意想不到的效果。运用一种别人喜欢的途径,这样才能顺利地将高帽送出去。我们要知道给人戴高帽的最佳途径不是从他的事业、才学、品德方面下手,而是从他的相貌下手。因为一个人不论长相如何,都可以给他来戴高帽子。看到瘦子,就可以对他说身体健康能吃能喝能跑能跳;看到胖子你可以对他说,心宽体胖╱生衣食不缺;对鼻子大的你可以说悬胆鼻,主富贵;鼻子扁的你可以说是他好脾气性情温和;眼睛大的你就说他炯炯有神,闪耀智慧;脸有麻子你说他麻子三分贵;秃头的你说是智者的象征。对任何人,最后都可以下这样的定语:像你这样的相貌天下无双,天生的富贵命,只要稍加努力,前途无量啊!

但有时候,我们在背后给别人戴高帽的效果会更好些。背后颂扬别人的优点,比当面恭维更为有效。这是一种至高的技巧,在人背后颂扬人,在各种给别人戴高帽的方法中,这要算是最好的一种方式了,当然效果也是最有效的。

戴高帽乃是一门"公关艺术",戴得恰到好处,戴得天衣无缝才是高手。

凡事有度，过犹不及，如果把高帽戴得过高就是不明智的。赞扬招致荣誉心，荣誉心产生满足感，但人们发现你言过其实时，常常因此感到他们受到了愚弄。所以宁肯不去恭维，也不宜夸大无边。

职场中，高帽就是美丽的谎言，要让人乐于相信和接受，就不能把傻孩子说成天才那样离谱；帽子一定要戴得美丽高雅，不能俗不可耐，糟蹋自己也让别人倒胃口；另一方面，便是不可过白过滥，不动脑子，没一点新意。

006 给别人的要比别人期待的多一些

职场中,每个人都有自己的梦想,如果有一天,期待的事情变成了现实,喜悦之情溢于言表。如果我们期待的结果比我们预料的还要好,比我们期待的还要多,那这件事一定会让我们终身铭记。

职场沟通的过程中,我们每一个人都不是一个独立的个体,而是处在一个相互联系的环境中,这就注定了在职场或者在生活之中,我们在对别人充满期待的时候,别人也同样对我们充满着期待。

当别人对我们有所期待的时候,我们该怎么样实现别人对自己的期待让自己赢得更好的人际关系,让别人对我们刮目相看呢?那就是给别人的要比别人期待的多一些。

只有给别人的要比别人期待的多一些,才能在让别人高兴之余更增添了惊喜,除了表明我们在真诚地帮助别人,还表明我们的良苦用心。这种事谁遇到都会非常惊喜,从而对你的印象与众不同。给别人的比别人期待的要多,这会给你以后铺垫更宽的道路,给别人的恩惠会让别人牢牢记住,并在不经意间给你十倍甚至百倍的回报。

李嘉诚先生,在谈及自己成功的经验时尤其强调"给别人的一定要比别人期待的多",在创业的过程中,李嘉诚的确是这么做的,常常在尽完自己应尽的义务之后,还要给别人适当的方便,让别人牢记自己,为以后的成果打下很好的人脉。

刘龙毕业之后,应聘到一家保险公司做业务员,保险公司的业务员是一项非常辛苦的工作,但是刘龙凭借着自己对保险事业的热爱,一直兢兢业业。

有一家中型企业的总裁想为企业购买一份大保险,但是一直在犹豫。不知道哪个保险公司划算。刘龙得到了这个消息之后,便上门自我推销,却不想碰了一鼻子灰,连总裁的面都没有见到,就被保安给轰了出来。

刘龙一直想办法混进去,但是苦于保安员都已经认识他,并把他当做重点"照顾"对象,一旦他出现在公司门口,大家都非常警觉地盯着他。一个偶然的机会,刘龙打听到这家企业的总裁非常喜欢集邮,目前正在收集关于几张风筝的邮票。刘龙想到自己的表哥同样是一个爱好集邮的人,正巧他的手里有一套关于风筝的邮票,刘龙通过苦苦哀求得到了那套邮票,表哥看他如此喜欢,又额外送给了他一套珍贵的龙邮票,刘龙喜出望外。

刘龙便打电话给那家公司,说自己有要事要找总裁商量,秘书一听口气不敢阻拦,便将电话接到了总裁办公室。刘龙便从邮票入手,顺利争取到了和总裁见面的机会。

刘龙开始并没有谈保险的事情,而是从对方谈起,谈起总裁的气魄和魅力,同是喜欢集邮的人,便将这一套邮票奉送。这位总裁非常高兴,这时,刘龙才亮明自己的身份,总裁经过仔细琢磨之后,确定和刘龙签合同。

刘龙非常高兴,将手里的一套龙票也赠送给了这位总裁,总裁更是高兴,"小伙子,你真不错,不仅让我拥有了我期待许久的邮票,并且还给了我一套龙票,给我的比我期待的还要多,你真是个有心人,我会向我的另外几个朋友推荐你,他们最近都想买几单保险。"

刘龙给了这位总裁比他期待还要多,让自己获得了很大的利润,刘龙给的比这位总裁期待的多,同时也得到了比自己期待要多的回报。刘龙得到了自己想要的,除了运气,更重要是因为给别人期待之外的收获。给别人期待之外的收获,自己从而得到更多的收获,获得意料之外的成果。

职场之中,一个人的期望越大,如果结果有违自己的希望,那么失望也就更大。但是,如果能给他比期望更多的一点,惊喜便会更大,哪怕仅仅是比他期待的多那么一点点,也会让他对你铭记在心。之所以会这样,是因为你不仅实现了期待,更重要的是你是个真诚之心,是个有心之人。因为真诚,你才会努力实现他的期待,因为有心,你的给予才会超过他的期待。

能够有机会让别人对你有所期待,是能力的体现,是一个展示自己的机会。能够实现别人对你的期待,也就是能够将别人对你的期待化作现实,无疑会给你在他人心目中的印象打上很高的分数,在别人心目中,你是一个真诚的人。但是如果你能在实现别人期待的基础上,再多做出一点努力,给别人的要多于别人期待的,你便给自己增加了更大的砝码。

职场之中,努力一点有的时候会收到意想不到的收获;给别人的要比别人期待的多一些,你早晚会有更大的收获。给别人的要比别人期待的多一些,成功就更近了。

007 人以群分，找出双方的共通点

职场中，看守大门的保安不会和一个集团的老总交上朋友，而有可能会和清理卫生的清洁工交朋友；研发部门的员工不会和文秘性质的员工结成朋友，而有可能和车间操作工作结成朋友，这就是人以群分的概念。

生活中，每个人都喜欢和自己兴趣相投的人交往，有共同的话语，共通点，职场中同样如此。

职场沟通的过程中，寻找同陌生人沟通的突破口是关键，与陌生人沟通是交际中的一大难关，处理得好，可以一见如故，相见恨晚；处理得不好，可能导致四目相对，局促无言。

皮革厂的小李去东北谈一笔生意，住进了当地的一家旅馆。一个比他早些住进来的人，悠闲地躺在床上欣赏电视节目。小李放下旅行包，休息了一下之后，冲了一杯浓茶，边品茶边研究起那位比他先到的人，随口问候了一句："师傅来了好久了？"

"我也是刚刚到"，他扭过脸，冲小李点点头。

"听口音不是东北人啊？"

"噢，山东枣庄人！"，对方回答。

"啊，枣庄是个好地方啊！我在读小学时就在《铁道游击队》连环画上知道了。三年前去了一趟枣庄，还颇有兴致地玩了一圈呢。"小李笑着说道。

听了这话,那位枣庄客人马上来了兴趣,小李和这位从枣庄来的人谈开了。接着就是互赠名片,一起进餐,在沟通的过程中,双方竟然谈妥了一笔生意,居然还在各自身边带来的合同上草签了一份协议:枣庄客人订了小李公司皮革厂的一批货;小李从枣庄客人那里弄到一批价格比较合理的皮革。

小李与这位陌生人的相识,交谈与成功,就在于他们找到了"枣庄"这个共同点。

职场中,没有共同点的两个人很难进行沟通,双方难以在一些事情上找到共同的语言,所谓话不投机半句多,自然就无法继续深入沟通。

如何才能找到自己与陌生人之间的共同点呢?

首先,要学会察言观色,通过一个人的外表、语言逐步摸清对方的心理状态、精神追求、生活爱好等,由此采取攻心术,找到双方的共同点。在共同点的基础上,进行深入的沟通,这个深入不是什么话都谈,而是围绕着交谈的目的,不能偏离了主题。

当然,通过攻心术得到的收获,还要同自己的情趣爱好相结合,自己对此也有兴趣,打破沉寂的气氛才有可能。否则,即使发现了共同点,也还会无话可讲,或讲一两句就"卡壳"。

其次,用话语进行试探,观察共同点。人际交往过程中的前三句话往往是废话,但这些话不可不说,方式不尽相同,却非常重要。有人以招呼开场,询问对方籍贯、身份,从中获取信息;有人通过听说话口音、言辞,观察对方情况;有的以动作开场,边帮对方做某些急需帮助的事,边以语言试探……简短的几句话,能捕捉到对方的一些信息,不可忽略了沟通过程中的前几句话,非常关键。

再次,通过对方的介绍,猜度共同点。职场中,走进公司,遇到有生人在场,对于二者都很熟悉的中间人或许会出现,马上出面为双方介绍,说明双方与主人的关系,各自的身份,工作单位,甚至个性特点、爱好等等,需要认真倾听,从介绍中搜索到对方与自己有什么共同之处。

最后,需要做到步步深入,挖掘共同点。表面的东西普通人只能看出表面的情况,继续交往需要更深入的交谈。随着交谈内容的深入,共同点会越来越多。为了使交谈更有益于对方,必须一步步地挖掘深一层的共同点,才能如愿以偿。

在这一方面,记者是最擅长的。每当某地发生重大新闻事件,记者作为一个陌生人,如何获得最真实的第一手资料,是非常重要的。由于记者身份的特殊,由于当事者或者目击者所处客观环境的影响,总是会有所顾虑。这个时候,记者需要一种攻心术,既能走进对方的心理,感受对方的心情,在感受之余,又不能忘记自己的身份,保持高度冷静,及时记住当时的情形和对方的谈话,以免失去获得第一手材料的机会。这时,需要拉近与被采访者双方的距离,就要寻找一个桥梁或媒介,这就是双方的心理接触点。如果找到了沟通双方的桥梁或媒介,即找到了双方的心理接触点,就会造成一种心理相融的气氛,从而使当事人或者目击者能够接纳记者,记者也可获得自己想要的材料和事实。

寻找双方的共同点是攻心术中一个非常重要的方法,一些职场社交高手就是通过找到双方的共同点,从共同点出发,达到沟通的效果。

008 遇上麻烦先数落自己

人无完人,在职场中,有时我们因为主观或者客观原因,会做错事情或者违反一些规定,这时,不要去寻找理由,也不要去找借口,最好的办法是不妨自己先批评一下自己,这样会赢得对方的同情,事情的解决就会有利于自己。

小李在工作中,因为工作任务比较繁琐,将上司交给自己的一个任务抛在了脑后,等到上司问起的时候,小李才想起来。

小李赶紧找理由给自己开脱,他说:"这两天任务太多了,根本没有时间做,我尽快做出来。"

上司很生气,说:"没有做就没有做,找那么多借口干吗?尽快做出来。"

上司生气的同时,小李也非常生气,觉得自己很无辜。

同样的情况,如果换一种方法,结果可能会不一样。

晓林同样是工作任务没有完成,当上司问起的时候,她说:"都是我的错!我疏忽了,这两天一直在处理另外一件事,我尽快做出来!"

上司只是简单地说了一句:"赶紧做出来!"

一句很简单的自我批评,将上司的愤怒压回去,这就是职场自我保护的方法。

职场中，说服别人最基本的要点之一，就是巧妙地诱导对方的心理或感情，以使他人就范。如果说服的一方强调自己的优点，企图在对方面前产生优越感，便容易招人反感。

这样的事情经常遇到：

在酒桌上，那些侃侃而谈，诉说自己的光辉岁月的人，一般都不会让听众信服，那些给他笑脸的人，也仅仅是出于敷衍的需要。这是因为人人都有自我中心的心理，别人的光芒无形中会盖住自己的光芒，这种人只会让人心中生厌。

同样有些人，自以为帮助了别人，有恩于人，心里就会不自觉地产生一种优越感，甚至还要对求助者责备落一番，这其实并非明智也非厚道之举。当你自己可能会被人指责时，不妨先责备自己一番，当对方发觉你已承认错误时，便不好意思再指责你了。

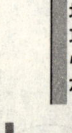

自我责备会有这么大的功效？

这是因为一个人犯了错误，这已经在别人的心中定了性质，你承认了错误，在心理上已经默许了别人的评价，等于顺从了别人的心理。在顺从别人的心理情况下，当然会免于受到别人的指责了。

英国牛津大学心理学教授卡鲁尔经常带着一只叫皮卡的小猎狗到公园散步。当地的政府明文规定，宠物必须要拴上链子、带上笼头，以防止咬伤行人。卡鲁尔的宠物皮卡性格温顺，从来没有伤害过人，所以他常常不给这条狗带笼头，有的时候甚至不给它拴链子。

有一天，他牵着皮卡到公园里散步，恰好遇到了一位巡逻的警察。

警察严厉地说："你为什么让你的狗跑来跑去，而不给它系上链子或戴上笼头？你难道不知道这是犯法吗？"

"是的，我知道。"卡鲁尔低声地说："不过，我认为它不至于在这儿咬人。"

"你认为？法律可不管你怎么认为的。它可能在这里咬死松鼠，或者咬伤小孩。这次我不追究，假如下次再被我碰上，你就必须跟法官解释了。"

卡鲁尔的确照办了。

可是,他的皮卡不喜欢戴笼头,他也不喜欢给皮卡带笼头,一天下午,他和皮卡正在公园里悠闲地散步,不幸的是,他再次遇到了那个警察。

卡鲁尔想:"这下坏了,"他决定不等警察开口就先发制人。他说:"先生,这下你当场抓到我了。我有罪。你上星期警告过我,若是再带小狗出来而不给它戴笼头,你要罚我。"

警察没有以往的严厉,声音很柔和地说:"我知道在没有事的时候,谁都忍不住要带这样的小狗出来溜达。"

"的确忍不住,"卡鲁尔说道,"但这是违法的。"

"哦,你大概把事情看得太严重了。"警察说,"这样吧,你只要别让它跑出公园,跑到我看不到的地方,事情就算过去了。"

卡鲁尔正是运用了"先行自责"的说服技巧,使警察觉得自己受到尊重,从而表现出宽容的态度,高抬贵手,放他一马。

职场中,同样需要运用这个攻心策略,犯了错误已经成了定局,坦率承认,可能会有意料不到的收获。如果千方百计地找各种借口抵赖,只会让别人的心中更反感,何必呢?

009 不要状态不佳时做出重要决定

职场中,做出的任何一个决定至关重要,可以这么说,职场的时间分配实际上就是成千上万个大大小小的决定。当我们做出某种决定之后,就意味着接下来要从事的事情已经注定。简而言之,决定就是在预测未来。

决定如此重要,这就需要我们在做出某项决定的时候需要经过慎重的考虑,不要由于一时的头脑发热而做出错误甚至让自己后悔终生的决定。

订单快到期限的时候,客户三天两头地督促王鹤将产品尽快做出来。在交货那天,王鹤没有按时交货,终于王鹤被客户狠狠地批评了一顿,气愤之下的王鹤干脆直接拒绝了交货。

客户非常生气,拿出合同,根据合同的条款,让王鹤履行赔偿。

尽管双方进行了调节,但王鹤仍然因为自己的决定受到了很大的损失,后悔莫及。

为什么会发生这样的事情?

人在某些情况下被强烈的愤怒占据大脑思维,失去了理智,以至于忽视了最基本的判断与核实的步骤。其实这是很多人的通病。

心理学家的研究发现,人在愤怒的时候,智商是最低的。在愤怒的关头,人们会做出非常愚蠢的决定,也会做出非常危险的举动。这个时候所做的决定,90%以上都是极端的错误,而且这些决定都是常人难以接受和理解的。

当状态不佳时,不要做出重要的决定。不管是出于愤怒还是比较消极的情绪,都不要轻易做出决定。在愤怒时做出的决定是非常愚蠢的决定,会轻易走上冒险路线,而且这种冒险不是一时的冒险,可能会酿出一生都难以饮尽的苦酒。情绪比较低落时做出的决定,一般都会受到情绪的控制,比较负面和消极。一个人一旦被一种比较消极的情绪控制,很多时候都会陷入一种自甘堕落的状态中,不谙世事,不求进取。

其实,很多人都是被情绪不佳时而做出的不理智的决定断送了一生。比如,几年前的马加爵,本有机会成为社会栋梁,改变自己的命运,却因不理智走上不归路,给自己的家庭、给社会造成了极坏的影响。

在状态不佳时做出决定的不管是先人还是生活在我们身边的人,后悔的只有他们自己。所以,有这么一句忠告——在状态不佳的时候不要做任何重要决定。

人是感性与理性并存的动物,在各种错综复杂的情感交织中,人生又是处在不断的选择与决定之中,有些选择或决定或许无关痛痒,有些选择于决定却事关全局;有些失误可以尽力弥补,有些却无力回天。因状态不佳而做出错误决定的事,每个人身上都发生过。如果你没有被那错误的决定所伤害,那要感到庆幸,但幸运并不一定永远垂青。所以要想把握自己的一生使之不偏离轨道,就请记住这句忠告——在状态不佳的时候不要做任何重要决定!

张露是一家企业的员工,平时对人比较友善,工作也比较负责,深得领导的喜欢,同事的拥护,公司正准备提拔她做她所在部门的部门经理。

有一段时间公司一个很大的订单出了问题,表面看起来是张露的失误。由于上司在气头上,一到公司就找张露谈话,搞不清状况噼里啪啦就对张露说了很多过分的话。由于那几天张露的心情也不是很好,对于无缘无故的批评当然很不服气,但是碍于是上司,只能忍着。

最后上司说:"回去写份检查。"张露再也无法忍受,立刻站起来:"这件事与我无关,我不会写检查。"

上司对张露的顶撞也很生气,大声地说:"你什么态度?"张露说:"我现在宣布:辞职!"上司更加气愤:"你再说一遍!"

"我辞职!"张露斩钉截铁地又重复了一遍。

当张露冷静下来之后,非常后悔自己的决定,但是无奈找不到台阶下,只好选择了真的辞职。

一时的冲动丢掉了自己的工作,也毁掉了自己的前程,真是让人惋惜不已。

当你在状态不佳的时候,不要做出任何重大的决定。如果非要在状态不佳的时候做重大决定,就要让自己先冷静三分钟,三分钟可以改变一个人的一生。

切记:状态不佳时,尽量不要做任何重大的决定。

第三章
摸清上司心理,职场中搞定你的头儿

001 从上司的话里摸清楚上司的心理

在职场之中,最重要的人际关系就是与上司的关系了。在每次交往中,能否真实地领会上司的意图,可能是你能否在职场上混得开的关键。

众所周知,在一些赌场中,一个赌场高手,都非常善于隐藏自己的真实意图,这个过程中经常会耍些小伎俩,迷惑对手,同时能够更好地掩盖自己的真实意图,让对手很难识破自己的策略。

装傻是隐藏真实意图的最好方法,这样做可以使对手疏于防范,有利于自己计划的实施。

在现实生活中,一些职场人就是利用这种方法,把自己的真实意图掩盖起来,你的上司当然也不例外。

试想一下,如果你的上司没有能力,缘何能做到上司的位置上,既然在那个位置,毕竟还是有些能力的。

不要随便忽略上司的话。很多时候,上司为了了解真实情况或职员的真实态度,会故意说一些话对职员进行试探。但是上司也有马虎行事、逃避责任的时候,他可能含含糊糊地答应你某件事,而事后却又后悔。上司说话到底是出自内心还是另有意图,这就需要下属察言观色,琢磨上司心理,见机行事了。

职场之中,经常能听到上司的这几句话:

第一种情况:上司说:"你看着办!"
第二种情况:上司说:"我再想想!"
第三种情况:上司说:"这个决定我想征求你的意见!"

这几种情形在职场与上司打交道的时候经常遇到,能够理解上司的心理吗?

可能你会说:"这些都是秃子头上的虱子——明摆着的。"
第一种情况:上司的意思是事情有困难,不让我办;
第二种情况:上司还没有想好,同时让我再想想;
第三种情况:上司在广开言路。
我要告诉你,他之所以是你的上司,毕竟有他的过人之处,而你无法去琢磨他的心理,就会与他越走越远。

上司真实的心理是这样的:
第一种情况:上司让你看着办,不是不让你办,而是让你抓紧办;
第二种情况:不是他没想好,而是要你别再想了;
第三种情况:上司不是真的广开言路,而是在寻求同谋。

刘越所在的公司即将进行换届大选,公司很多高层员工对公司的副经理一职是虎视眈眈。平时那些落后分子,这一段时间工作起来也特有激情。而且刘越觉得自己最近特别受欢迎,无论何时,总会有平时不怎么联系的同事给自己暗送"秋波",特别热情,还说要请刘越吃饭之类的话。

刘越不是傻瓜,当然知道这背后意味着什么,所谓"不想当将军的士兵不是好士兵",刘越在心里也希望自己能够坐上副经理的位子,为此,他也在暗暗给自己加油打气。

这天,在公司门口,刘越碰到了人事部主任,平时主任对自己不冷不热,今天一反常态。

刘越在向他问好,准备去办公室的时候,被主任拦住了,主任将他拉到了一旁,神秘兮兮地说:"小刘,你觉得我们公司这个副经理的位置谁比较有把握?"

刘越一听,以为机会来了,因为公司明文规定,这次的副经理要注入新鲜血液,从入职两年的公司员工中选出,眼前的主任是没有资格的,莫非他这么问是在推举自己?

想想自己平时工作表现都还不错,而且对包括主任在内的公司高层上司都比较尊敬,难道自己遇到伯乐了?

当然,刘越没有这么说,他说:"这个……我觉得很多年轻人都不错。"

"你有没有觉得公司的张明超非常有能力,在你们这些年轻人中特别突出?"主任笑眯眯地说道。

刘越想了好一会儿,才想到张明超,他是市场部的,能力突出这个方面,刘越并没有发觉,不过他的脾气火暴是公司上下都知道的事情,主任怎么会想到这个人呢?

"哦,他的能力是挺不错的……"刘越不好意思反驳,只好顺着主任的意思往下说。

"当然,我也知道,这个人的脾气有点大,不过他做事很有魄力,能力强的人总会有点小脾气的嘛,公司就缺少这样的人才。我比较看好他,你呢,小刘?"主任问。

刘越知道这位主任征求意见,不是广开言路,是在寻找同谋,顺从地说道:"是挺不错的,我也比较看好他。"

主任笑眯眯地走了。

当天,几个人在聊天的时候,谈到这件事,有个同事说:"我听说我们公司这次的副总经理的位置已经内定了,是市场部的张明超,听说他是主任的外甥。"

刘越明白了早晨的发生的一幕,不过他很庆幸自己的随机应变。

看到这里,也许你已经感觉到,职场并不是一个简单的场合。

上司的位置比你高,站的比你高,心里的问题不是下属轻而易举能够吃透的,这就需要下属理解上司的心理,听懂上司的话,琢磨上司的下一个想法,与上司同步走,不至于落后或者背道而驰。

002 放下身段,让上司高你一筹

职场中,如果你是一名领导,你会喜欢什么样的下属?

可能你会说我喜欢聪明能干、能力较强的下属。如果这个下属的能力超过你,你还会喜欢吗?

或许你会犹豫,职位高并不代表能力就强,你的下属并不代表能力比你弱。

到了这里,也许你会犹豫,到底领导喜欢什么样的下属呢?

一般来说,领导都喜欢有点愚钝的人,记住这一点是不会错的。一个人既然能走到领导的位置上,一定不会是个平庸之辈。加之职场长期的氛围,领导都有获得威信的需要,不希望下属在能力上超过并取代自己。

因此,一个领导,如果某个优秀、有实力的人做了自己的下属,上司就会忧心忡忡,因为他担心某一天对方会抢了自己的权位。相反,若是派一位平庸无奇的人到自己手下,他便高枕无忧了。

因此,一个聪明的人,一定不会是一个锋芒毕露、人前人后能力出众的人。

在职场上行走,聪明的人总会想方设法掩饰自己的实力,以假装的愚笨来反衬上司的高明,力图以此获得上司的青睐与赏识。当上司阐述某种观点后,他会装出恍然大悟的样子,说自己太笨没有上司反应快,并且带头叫好;当他对某项工作有了好的可行的办法后,不是直接阐发意见,而是在私下里或用暗示等办法及时告知上司,同时,再抛出与之相左的甚至很"愚蠢"的意见。久而久之,尽管在同事中形象不佳,有点"弱智",但上司却倍加欣赏,对其情有独钟。

李丽的丈夫在一家国企机构工作。这天,丈夫陪他的上司到李丽的公司参观。李丽的丈夫大学读的是机电专业,李丽相信她的丈夫一定会把握住机会,好好表现一番。

丈夫陪着上司到了李丽的公司,只见那个上司一个劲儿地装内行,发表一知半解的高论,有时候真不懂了,才回过头来问一下下属。让李丽失望的是,自己的丈夫明明都知道,却要想半天,才答出一点。

当天晚上,丈夫刚进门,李丽就很生气,说:"我原本以为你今天碰上老本行,能够好好地表现一番,可你是怎么搞的?脑袋生锈了?把以前学的都忘记了?"

丈夫只是笑,并没有做出解释。

不久之后,李丽丈夫的上司另有高就,推荐了李丽的丈夫。又隔不久,李丽的丈夫到李丽的公司考察参观,突然变成十足的专家了。

李丽的丈夫是聪明还是糊涂呢?

职场上,不知道有多少下属的能力要远远强于上司,只是需要懂得让一步,让上司去表现,到了关键的时候才出手。

不仅仅是在职场上,其他场合同样如此。为什么结婚仪式上,伴郎不能比新郎帅,伴娘不能比新娘漂亮?如果主角变成了配角,这个婚礼还有什么意思呢?

职场上,人人都有一种主角的心态,领导的这种心思尤为强烈,为此,要将主角的位置让出来,让领导站到中央。

职场中得到升迁的并不是那些能力出众的人,而是那些忠诚可靠,但表现可能并不是那么出众的下属,为什么呢?

这是领导的一种心态,领导认为这更有利于他的事业。同样的道理,如果上司使用了能力强于自己的下属,这位下属总是同自己对着干,或者"光芒盖过了领导",这位下属的能力发挥得越充分,可能对上司的利益损害就越大。只有傻子才愿意引狼入室,也只有傻子才愿意搬起石头砸自己的脚。

因此,在处理上司交代的任务时,一定要尽可能地争取时间快速完成,但事情不能处理得过于圆满,事情处理得过于圆满而让人挑不出一点毛病的话,那就显示不出上司比你高明的地方。

因此,职场中的社交高手,常常有意在明显的地方留一点瑕疵,让人一眼就看见他"连这么简单的都搞错了"。这样一来,尽管你出人头地,木秀于林,别人也不会对你敬而远之,因为他们一旦发现"原来你也有错"的时候,反而会缩短与你之间的距离。

其实,适当地把自己安置得低一点儿,就等于把别人抬高了许多。当被人抬举的时候,谁还有放置不下的敌意呢?

如果对于上司交办的事,你三下五除二就处理完毕,你的上司会首先对你旺盛的精力感到吃惊,效率高。而因为快,你虽然完成了任务但不一定完美,这时上司会指点一二,从而显示他到底高你一筹。这就好比把主席台的中心位置给上司留着,单等着他来作"最高指示"。你完成工作,他赢得高兴,何乐而不为呢?

一句箴言:把自己的位置放低一点,让上司高你一筹。

003 和领导交流，需要拿捏好分寸

职场之中，攻心术是一种非常有用的方式，尤其是在与领导交流的过程中，但与领导交流，需要拿捏好分寸。

很多上班族对领导都有一种敬畏感，更多的是一种畏惧感，见了领导恨不能绕路走。尤其是工作中出了问题之后，这种心思就更强烈了，甚至有的人日夜担忧，都急出毛病来。

不管承认不承认自己有过这种经历，这种现象在现实中确实切切实实地存在着。

但是在职场之中，和领导的交流却极为重要，这并不完全是交际，虽然有许多人乐于迎合奉承领导，并想借着拍马屁爬上去。但时代已经改变，现今的职场与以往不同，尤其是现在凭借能力吃饭的商业时代，公开拍马屁已经不是混饭吃的主流。所以要先弄清楚一个概念，和领导交流，并非是拍马屁。

交流的过程是一个攻心的过程，交流得好，就等于你走进了领导的心里，在领导的心里面有了你的位置，有助于你在职场中的发展。

职场是个特殊的场合，关系到利益，脉络复杂。不仅仅下属想找领导交流，每个领导同样会借着与手下交流的当口，采取攻心术，观察下属是否和自己一条心。

与领导交流,这种看似无意义的聊天,实际却并不简单。尤其在你身边势力脉络复杂,各人有各人地盘的时候,与领导聊天更要小心应对。

闲话家常时,往往能够见微知著,一句看似不重要的话,可能隐藏着对你的试探。在这种交谈里,你和别人的亲疏关系,你做事情的分寸尺度,以及你对领导的忠心都能够表现出来。

如果遇见这一类,表面上只是闲谈,实际却暗流涌动的交谈,一定要记得把紧嘴上的门。领导不问的事情,一定不可以说,问的事情也要想清楚了说。

应该怎样表明自己的立场呢?还是用表决心或者谄媚的方式已经无法奏效了,你越是谄媚就越显得不可信。

首先,放准自己的位置,不管领导怎么看你,你都要把自己放在领导亲信的位置上,这样说话时才有体恤感。

其次,可以说一点领导对手那边的事情,但切不可多,点到即可,尤其是坏话,不可说尽。并不是你全心帮着领导,他就把你当自己人了。你说别人坏话太多,聪明人会觉得在背后你照样会说他。

与领导交流时最佳的方法是什么?就是在大部分时间别和他斗心眼,夹紧尾巴老实做人,因为真正改变你命运的,永远只有那几个关键点。

除此之外,你都可以做领导手下听话的小卒,让人放心,才是最佳立场。

另外,与领导交流,要多长一个心眼,通过领导口中的信息,明白自我位置。

很多人都以为,与领导交流,是在向领导透露情况,其实这何尝不是你探取情报的最佳时机。因为领导站得比你高,看得比你远,整个办公室的情况一把抓,从他嘴里说出的话,往往会更加关键,更能反映大的局势。他和你交流时,有些话说出来,他可能觉得不重要,但对你来说,或许就是难得的情报。

公司里的人事脉络,没人会比你老板更清楚,所以他的话,将是你修正人事关系的最好机会。而更重要的是,你可以从和老板的交流里分析出,你在他心目中的位置。你究竟是自己人,还是可依靠的,或者是可提拔的,这都要从领导的话里分析出来。

同时,与领导交流,是提要求的绝佳机会,但必须有方法。

领导自然不会经常找你空谈,绝大部分的时候,都是有公务,而就如同上面所提到的,真正改变你命运的,永远只有几个关键点。

而这个关键点,往往出现在领导对你提出要求,需要你做什么的时候。

职场上的人都很清楚,一般领导要安排任务,只要开口说一句就好。但若是专门把你叫进办公室,先夸你一顿,然后再小心翼翼地提出工作。恭喜你,机会到了,这就是领导有求于你的时刻,若不是你有足够的价值,他需要用到你,绝不会放下架子来和你聊工作。

这时候该怎么处理呢?

当然不是坐地起价,漫天开价,自以为得意地向领导要好处,要回报。如果你这么做了,那在领导眼里,你的形象就彻底颠覆,没有那个领导会喜欢一个要挟自己的人。

毫无疑问,当领导遇到疑难工作时,你应当毫不犹豫地答应下来,这是最主要的,前提是在能力所及的范围内。这局面有点复杂,如果领导有别的选择,且这个工作与你职场目标大相径庭时,也可以拒绝,但要有拒绝的艺术,因为领导专门找你谈时,一般情况下在他眼里,你都是唯一的选择,而答应也是你不二的选择,除非你认为领导是高估了你的能力和实力。

这个举动是表明忠心,让领导知道,你就是那个会替他分忧的人。

但并不是就此打住,接下来你就要详尽分析这个工作的难点,和即将遇到的困难。这是告诉领导,你虽然愿意接下工作,可却是力挽狂澜,在危难之中胜任,是在帮领导分忧解难。

一般情况下,你摆出与领导分忧的架势,他都会深受感动。这时候,领导会让你提出要求,但你要明白,他并非是让你漫天要价,而只愿意有限度的让步。

如果说人一生最关键的时间只有几个小时,那这几小时往往有可能出现在这时候。你要审时度势,提出对你最有利的条件。

很难言传这种条件该怎么设定,但确实是有一些规则的,譬如你不可以损害到领导的利益,其次你不可以开出超越你价值的条件。

最好的条件就是对你很有利,而不伤你老板利益,完全可以做顺水人情的条件。

这就是双赢。

职场生存,是一种技术更是一种艺术,关键看你如何处置。

第三章 摸清上司心理,职场中搞定你的头儿

004 领导的虚荣心理，办公室中的马屁哲学

你有虚荣心吗？

不需要回答，人人都有虚荣心。虚荣心是职场中人一种普通的心理状态，无论领导还是下属，统统都有，而且领导的虚荣心更强。虚荣心是自尊心的过分表现，是一种追求虚表的性格缺陷，是为了取得荣誉和引起普遍的注意而表现出来的一种不正常的社会情感。

职场中，领导的虚荣心尤其强烈，一些职场的高手，通过满足领导的虚荣心理，把领导拍高兴的同时，自己也悄悄走进了领导的眼里。两全其美，何乐不为呢？

说起拍马屁，很多人都会表现得不屑一顾，认为拍马屁是属于小人的作为，因为没有真才实学的人，才会用这种伎俩谋得一官半职。尤其是在中国传统职场文化的教育下，拍马屁被认为是无耻小人的行为，是有真材实料的君子所不为。

然而，很多人总是心口不一，说金钱是罪恶，都在捞；说红颜是祸水，都想要；说功名是粪土，都在争；说吸烟是自残，都在抽；说天堂是理想，都不去；说股票是毒品，都在炒；加上一句，说拍马屁的是小人，都想拍，都在拍。

一位资深职场人士在自己的博客上写下这样的话：

一直坚持"拍马屁是无耻小人的行为"价值观，但每每碰壁，经常因为不齿、不想，或不懂拍马屁而导致灰头土脸，在几十年血和泪的教训之后，终于明白拍马屁的不一定是坏人，不拍马屁的也不一定是实干家。在职场，除非你是鬼才或是天才，自己是自己的老板，否则，马屁还是多少要拍一下

的。就像大家对钱的评述一样,拍马屁不是万能的,但不拍马屁是万万不能的。

拍马屁说起来有点谄媚的意思,不过如果用书面语来表达一下,也许你会觉得舒服得多,那就是赞美。任何人都经受不住赞美的诱惑,连皇帝都能在周围的人的赞美下忘乎所以,甚至脱光了身子去上街游行,更何况是普通人呢?拍马屁之所以能够横行职场,和领导的虚荣心理是分不开的。

迪伦琼斯的《绅士的准则》里的第一章第一节,标题就是:How to suck up your boss,翻译成中文是如何讨好你的老板。可以这么说一句,马屁无国界。他在这本书里对拍马术作出教导,包括"赞赏你的老板,告诉他你认为他在搞定生意,对付客户,提出解决方案的时候有多棒"。还有,"告诉他你喜欢他的外套,如果你认为他的新领结或运动鞋,或荧光涂层的套装不怎么样,那就让别人去告诉他。"最后,"他的玩笑总是好笑的"等等多达三十条,用了三页的篇幅。这是英国人给全球绅士们的马屁准则,比起咱们马屁文化有着深厚历史积淀的中华大国,这简直是未开化的蛮夷之邦,实在是太小儿科了。

当着上司的面直接予以夸赞,虽然比较老套,但却是一种不错的方法。

比如:上司费了很多的时间和精力,终于将那个期望很久的大项目收入囊中,或者在开拓市场方面首战告捷,无论是否全是上司的功劳,你都可以在这个时候向上司祝贺,并对他非凡的能力表示赞赏。相信此时心情好的上司一定会在你的赞美之下飘飘然,对你心生好感。

其实拍马屁的方式有很多,当然,在这里拍马屁已经变成了赞美。上司理了新发型,你可以说:"你今天看上去更有精神了。"赞美一下,你不用花一分钱就可以让他乐上一上午,老板的心情好,对员工来说就是福音。

尤其是当你的上司是位女上司,就更不要忽略赞美的作用,但是要注意,异性之间的赞美是要讲究分寸的,尤其是上下级之间,如果处理得不好,很容易给人暧昧的感觉。男下属应该是热情有度的赞美女上司,同时要表示必要的尊重,避免有过多的肢体碰触。但是需要注意,这种赞美要在第一眼新形象开始,否则有造作之嫌。

当然,这些赞美还只是皮毛,看看下面这个事例:

某公司的老板一向自我感觉是一个哲学家、思想家和文学家,经常在媒体上撰文,在公司员工会、客户答谢会和各种聚会上发表演讲,阐述他的经营理念或人生哲学。

他下属的一个"知识分子",深谙拍马屁精髓,同时精准地掌控了老板的喜好。用了一年的时间,把老板的言论和文章编辑成书。厚厚三大本,硬书壳,还用一个烫金的书套装起,更绝的是,这一套三册的老板语录,不止公司内部人手一册,更被用来作为公司礼物发放给所有客户和朋友。堪称拍马屁的经典案例。

试想一下,一个自恋的高手遇到了拍马的高手,实在是相得益彰。

拍马屁还需要注意一个很关键的因素——不但要在同事中进行,在客户那里也不要忘记赞美上司,到了客户的公司,理所当然要向对方的高级主管或者负责人,多加赞赏,大力吹捧一番。但此时千万不要忘记吹捧你的上司一番,提一些上司最得意的事情,或公司引以为荣的宣传广告,把上司高高捧上天,这样不但显示公司的和谐气氛,同时也拍足了上司的马屁。

不难想象,和上司一起到顾客那里,若你抢足了风头,滔滔不绝,难免会遮盖上司的光芒,让上司心里不快。此时你的作用就是一块砖,用来引出玉,不管这块玉有没有瑕疵。

所以对拍马屁的人,态度可以很简单,想拍就拍,不想拍就不拍,只要你有自己的生存之道就好。也可以说成:我有权不拍,但誓死捍卫你拍的权利。但被拍的就不一样了,如果你是那匹被又吹又拍、自我感觉无限良好的大马,倘若一日行差踏错,从高层摔下,拍马之人大概早作鸟兽状散去,不会在下面接着吧?

但是,拍马屁需要注意,适当的马屁可以让上司非常受用,但是毫无原则,毫无限度地赞美就会变形,不但收不到好的效果,甚至会起到反作用,会让上司觉得你是在故意夸大他的缺点。

拍马屁是一门学问,需要边学边问。

005
领导声明不必拘泥礼节的时候，更要遵守礼节

很多人都感慨职场上很难混，为什么？职场上需要遵守的东西太多，需要注意的东西也太多，就一个领导，都让人难以捉摸。

领导之所以是领导，注定有他与众不同的地方，比如领导口中的话。一句话从领导嘴里说出来，与从一个普通人嘴里说出来，意思可能会大有不同，甚至会完全相反。

比如：领导评价你最近很活泼，这句话听起来是在夸奖你，这个时候，你需要注意了，因为夸奖的背后是在告诉你，动作小一点，本分一点，如果不能听懂领导的话，可能会招致不好的结果。

与领导相处的过程中，经常能听到领导这样说："不必拘泥礼节，畅所欲言，把心里的想法说出来。"听到这句话的时候，不要以为碰到一个好领导，然后将心中的话一吐为快，吐出来之后你心里畅快了，可领导不一定会畅快。搞不好你畅快之后，领导不畅快，结果领导也会让你的畅快变成不畅快。

小王受命加班，因为是特殊原因，公司的大小领导都到场了。领导聚在一起就有活动，于是中午吃饭的时候自然而然坐到了饭店里。于是小李跟

随领导一起享受了一次领导级待遇。

职场中人都有这样的体验，和领导在一起吃饭有太多的地方需要注意，太多礼节和限制。领导之间自是不必拘泥，谈笑风生、推杯换盏，小李这样的小人物只能默默喝着茶水，像小学生听讲一样坐在那里不敢乱动，要多不自在有多不自在。

这个时候，其中的一个领导对小李说："年轻人，不必拘泥什么礼节，都是公司同仁，平时什么样就什么样。"

听到了这句话，小李似乎感觉到得到了赦免一样，开始了表现自我。

席间领导们谈起政治，小李平时也喜欢看些政治类的刊物，也饶有兴趣的参与进来，并时不时发表自己的观点，对一些领导的观点或赞同，或反对，一顿饭很快就过去了。

却不想，回到公司之后，小李被顶头上司狠狠地批评了一顿，小李感觉到很冤枉。

其实没有什么冤枉的，这样的结果情理之中。

领导说不必拘泥礼节，不是在赦免你，给你特令，而你要提醒你，同时也是在寻找自己的一种权威，看是不是能服从自己的领导。

当领导对你说不必拘泥礼节的时候，更需要尊重礼节。

事例中小李的正确做法是：

众人点头我亦点头，众人微笑我亦微笑，善于倾听是此刻唯一要做的事情。这样会让领导不由得在心中轻叹，好一个服从领导的好同志！

除此之外，在领导面前绝对不可以表现出本色，所谓家丑不外扬，再不习惯也要装作习惯。

职场中，有一句话说：对领导最好的赞美是服从。的确如此，领导告诉你，不必拘泥礼节，是在试探你是不是服从他的领导。

中国有句俗语：恭敬不如从命。赞美领导，不如顺从领导的意志和命令。对高明的赞美者而言，服从是金，语言是银。这是由领导与下属的关系决定的。

作为领导，都喜欢听赞美的话，就连包拯也喜欢老百姓称他为"包青天"，但善于用语言来赞美领导的人却未必是领导最喜欢的下属，也未必能得到领导的信任和赏识。有些下属在意平时对领导说恭维的话，也常常使领导感到开心，但关键时刻却又顶撞领导的决定，不同意领导的决策，不服从领导的命令。这是一种最不合时宜、最让领导反感的策略。

不服从领导就是不尊重领导。中国人比较讲究实际，一个人说得天花乱坠，干起来什么都不行的人很受人歧视。领导是工作上的权威，很重视自身威信，下属的赞扬无疑是对领导的威信的维护和尊重，但言行不一，不服从领导实际上就是无视领导的权威，损害领导的尊严。

因此，领导声明不必拘泥礼节，是在试探你，如果你经不起试探，误会了领导的意思，和领导失去了礼节，这样你将领导的权威置于何处？

领导在你面前失去了权威，肯定会给你"下马威"，这无可争议。

006 能参善谋，唱好领导难唱的曲

人都有弱点，领导也不例外，不要看领导平时威严谨慎，遇到自己的弱项时，他比下属还要着急。如果此时下属能够不着痕迹地帮他跨过这道坎，就不愁他不信任、器重你。

职场中，下属不一定比领导逊色，可是一些无法改变的客观原因，让他做了你的领导，注定你要在他的手下，为他效劳，有的时候还需要充当枪手的角色。

如果某天，你在领导最需要的时刻出现，这就是雪中送炭。锦上添花的行为并不能让人记忆深刻，雪中送炭则不同。在对方最需要的时候，你伸出援手，帮助对方解了燃眉之急，同样的行为，你却能走进对方的心里。

作为下属，就是为领导排忧解难，能参善谋，干好领导难以解决的问题，唱好领导难唱的曲，是一种重要的攻心术，通过接触领导的燃眉之急，让领导的心中存在你的位置。

小林是公司的经理助理，他的上司李总虽然胸无点墨，但是交际沟通能力很强，平时主要应付客户，洽谈各种业务。

这天，当地的一家报社来了电话，要求李总写一篇关于公关方面的文章。当时正好小林也在办公室，李总自然放不下架子去开口求下属，另外，

这非公文,不属于小林的工作范畴。李总明目张胆地找人代写,也觉得不好意思开口。

这个时候,身为助理的小林就主动提出来帮李总写,他说:"李总,你每天忙于与客户沟通交际,恐怕没有时间来写,我来帮你完成吧!"

写完之后,小林没有直接交给报社,而是让李总看了一下,又像模像样地做了一番增补之后,让李总最后确认了,署上了李总的名字,交到了报社。

职场中,领导最需要的就是小林这种不露形迹,默默无闻的下属,能够帮助自己排忧解难,唱好自己难唱的曲。这种以最恰当的方式帮助上司解决工作中的难题,是一种最有效、最直接的攻心术。

职场中,无论你能力多强,多么出色,如果你自以为是,在为领导效力的过程中,纵然完成了任务,以为是在为公司效力,结果却可能适得其反,招致上司的嫉妒。

同样的为领导分忧解难,结果却会因为过程的不同而大相径庭。学会攻心术,走进领导的心中,引起领导的注意,有的时候,需要一点牺牲。

有一句话说:一个成功的男人背后,会有一个伟大的女人,同样的道理,一个领导背后,同样会站着一个能力出众的秘书。没有人天生能够做领导,领导也是一步步走出来的。

职场中,你需要做的是不断完善自己,同时学会攻心术,攻克你的领导,早一点走进领导的眼中,让领导注意到你。而不是每天抱怨,抱怨自己为什么不是领导,抱怨自己得不到重用,不是得不到重用,是机遇还没有光临你。

做好领导的助手,唱好领导难唱的曲,机遇自然会在你不知不觉的时候光顾你。

007 善于攻心,成为上司的"眼中钉"

在生活中,什么样的人可以让一个人整天盯着,时刻关注着?

答案是:一个被别人视为眼中钉的人。

试问一下:你想不想让自己成为上司的"眼中钉",让上司时刻关注你?

让上司关注你,可能是职场中很多人们梦寐以求的事情,然而,人生不可能永远处于巅峰,有得意就有失意,有得宠就有失宠,在公司里受到上司的冷落,无异于被打入冷宫的妃子,是非常严重的一件事情。

在职场上,如何才能引起上司的重视,甚至成为上司的"眼中钉",让上司时时地关注你呢?

想引起上司的关注,最好的办法是善于攻心,通过心理战术,引起上司对的好感,对你的信任,进而为你发挥能力提供一个平台。如何通过攻心术,让上司关注你呢?

首先,摸清楚上司的喜好,这一点非常重要,古人提出的"物以类聚,人以群分"正是此意。一个文绉绉的秀才和一个满脸凶悍的士兵肯定无法相容,如果你的上司是一个嗜酒如命的人,在他的眼中只有那些"酒桶"般的下属才是真正的好汉,如果你滴酒不沾,在你的上司那里则很难有出头之日。

其次,亮出自己的优势,职场凭借能力吃饭,如果大家的能力都旗鼓相当,就亮出自己的优势,或许你只比别人强那么一点点,那这一点点就是你的优势。亮出优势还需要注意,一定要"不亮则已,一亮惊人"。如果你是一只孔雀,自然人人羡慕,倘若你这只孔雀天天开屏,让你的同事,更重要的是你的领导,习以为常的话,则你这只孔雀白做了。让人习以为常尚属好命,倘若早晚一天招人厌倦就是自毁了。试想,千里马时时马不停蹄,还叫千里马么?亮出自己的优势,需要灵活运用,看准时机,人皆亮之,我不亮之,人难亮之,我必亮之。自然脱颖而出,何愁上司不把你当成他的"眼中钉",时时关注你?

在职场中,上司注定是各种各样的,有宽宏大量的上司,有斤斤计较的上司;有能力出众的上司,有平庸无能的上司;有放任的上司,有专制的上司……

很不幸,我们遇到的上司多半属于后者,斤斤计较、平庸无能、专制等等,对于这样的上司,我们该如何才能成为他们的"眼中钉",让他们时时关注自己呢?

要做到成为上司关注的对象,需要注意以下几个方面:
一、确定上司的目标
下属的任务是帮助上司完成现实目标。然而,这些目标究竟是什么目标?有的时候,答案简洁明了。可有时,你不得不做一点更深层的挖掘。

李永,一家饮料厂的销售代表,对自己的销售纪录引以为豪。曾有几次,他向他的上司解释说,他如何如何卖力工作,劝说一位零售商向公司订货。可是,上司只是点点头,淡淡地表示赞同。

最后,李永鼓起勇气,问上司:"难道你对我开发出来的客户不满意吗?"

上司直视着他,答道:"李永,你把精力放在一个小小的零售商身上,为什么不去开发那些各地的供货商呢?"

李永得到信息后,他把手中零售商的客户移交给一位同事。他转而将目标放到了开发各地的供货商身上。

二、支持你的上司

你可以用多种方式表达对上司的忠诚,但不是拍马屁。

即便是拍马屁,你有拍马屁的实力吗?拍马屁不是说两句好听的话,而是即便不是好听的话,上司也能听得进去,欣然接受,这才是拍马屁。

三、帮助你的上司获得成功

人们在追求自己的目标时,很容易忘却最初原因:上司认为你能为他或她的成功尽心尽力,作出贡献。

上司雇用你的出发点,不是让你实现自己的目标,而是帮他实现他的目标,只要注意到了这一点,在成为上司的"眼中钉"方面,你已经迈出了很重要的一步。

四、解决问题

得到上司的关注,一个重要方式是帮助上司解决难题。

在职场中,不管你是别人的上司,还是别人的同事,还是别人的下属,你的任务都只有一个:解决问题。

作为下属,只要你能将上司交给你的问题解决了,就取得了成功的第一步,如果你能看得更远些,将上司遇到的难题解决了,这样,上司肯定不会视你为空气。

当然,难免有失意的时候,即便是肉中刺,眼中钉,偶尔还会被人忽视,何况在职场中。

如果你受到上司的忽视时,最高明的办法莫过于坦然接受暂时的忽视,并努力使自己的心态做到平和,不为暂时的逆境所困扰,所挫伤,使自己的精神永远不被打败。

这种心态不仅能帮助你走出暂时的低谷,还能让人的意志更加坚强。

008 顺从心理，领导永远是对的

有人说，职场中大家地位都是平等的。话是这么说，很多口号喊的是一种声音，做起来是另外一种行动。如果你相信了这种说法，才傻呢。

地位平等，这只是一种说法，具体的实践是这样的：端谁的碗，归谁管。这就注定了在公司之内，领导与下属之间的关系，绝对不是平等的，而是上与下的关系。

如果你身在职场，端着领导递过来的饭碗，理所当然，听领导的话是上策。

永远不要和领导作对，在工作中，应当以领导的意见作为实际工作的指标。所谓永远，是指凡是遇到类似的情况，我们都要听领导的，无须为其他的不同意见而左顾右盼或左右为难。

当然，下属与领导之间有不同的意见是非常正常的，毕竟人都是主观性很强的动物，人与人之间的知识构成不同，对某一事件的认识也不同。

如果你在一件事情上面与领导有不同意见，这时候，你要告诉自己，不同意见不等于是正确意见，你首先要做的就是放弃自己的意见，如果你对自己的意见的正确性很有把握，不妨找个合适的机会说出来。

不过，职场中的一种现象不可忽略，在决策方面，领导正确的概率要比下属高，而且要高很多。领导毕竟是领导，能够坐到领导的位子上，其中的有些智慧不是下属能理解得了的。

理由是：领导的位置更了解全局，知道哪些是重中之重，哪些是细枝末节；领导占有的信息更多，对做出正确的决策更有帮助；领导经验更丰富，看问题更透彻，要不怎么能当领导呢。

职场中，每个人都有自己的主观意见，都有自己的特质与专长，如果你的建议总是不被采纳，你的真知灼见总是被淹没，你肯定感到很委屈。退一步想，你已经尽了作为下属提意见当参谋的作用，况且你的任务是去适应领导、支持领导而不是去说服领导、改变领导。如果你认为领导的决策水平实在太低，目光实在短浅，长此以往必将走向失败甚至灭亡，那你也千万不要去试图破坏"领导永远是对的"这个理念，你可以潇洒地与领导握握手，走人就是了！

领导永远是对的，这是一种顺从心理，对领导表示支持，领导会在心底认可你，同时这也是领导寻找盟友的一个时机，如果你反对他的意见，注定会与领导走到岔路上去，这样下去，你只会距离领导越走越远。

职场中，坚持"领导永远是对的"这个原则，要从以下几个方面做好：

一、领导交代的事，你需要做的是毫不犹豫地马上去办，而不是给领导找茬提意见，那样只会让领导觉得你能力不济。领导吩咐的事情，难办的想办法去办，不能办的想办法变通地去办。

二、从领导口中说出的话，需要仔细斟酌，需要听懂话中话。不能机械地照领导说的办，要领悟领导话中的深层次含义，领导说"我再想想"，不是告诉你他没想好，而是告诉你这件事到此为止。如果没有听清楚这句话，事情虽办了，却没有办好、没有办到位，事情办得一点作用、一点效果都没有，领导虽然无话可说，但领导一定觉得我们无能。

三、把事情办好，除了要效果，同时要成本最低，不考虑成本去办事，傻子都能办得到，如何显示我们的才能，体现我们的价值？

四、事情办的过程和最后结果都要及时与领导沟通、向领导汇报；让领导及时了解事情的经过。

五、我们不能闷着头办事，不沟通、不反映、不汇报；我们一定不要"在黑暗中暗送秋波"，事情办完了领导却不知道。

每当领导交代完一件事情之后,要让领导知道:

他交代的事,即使不能办的事、我们也想办法办了,办好了;事情办好了、办到位了,不仅效果好,成本非常低;钱是领导的,事情的全过程都是在领导的掌控下完成的、不会失控。

如此这般,你还担心无法与领导站在同一条战线、与领导越走越近吗?

因此,当与领导有相悖的意见时,首先要承认是自己错,领导对,如果你认为领导错了,请从头到尾再读一遍。

009 心腹和心腹之患只是两个字的差别而已

中国古代官场有两句古话,"伴君如伴虎","山高皇帝远",前句的意思是说陪伴君主就像陪伴老虎似的,在君主身边转来转去,稍有闪失就会招来杀身之祸;后一句意思是说离皇帝越远,受到的牵制就越少,就越自由。这两句话其实都在谈君臣之间的距离所带来的后果。

职场之中,同样如此,下属离上司太近,经常会一不小心就把上司得罪了,可能是出于言语上的,也可能是出于行为上的。殊不知,心腹和心腹之患只是两个字的差别而已,结果却是截然不同。

古代历史上,心腹成为心腹之患的不在少数,勾践身边的范蠡,夫差身边的伍子胥,改朝换代中,立下汗马功劳,最后却落得个不得善终的下场。职场对官场而已,只是表现形式不同,但却同样有心腹与心腹之患。

不可否认,职场中,领导都希望有很多这样的人才:能力突出、独当一面;忠贞不二、可担重任。他们是领导的左膀右臂,他们是领导的心腹,与领导的距离走得最近,最容易得到领导的惠泽。

然而,"心腹"也有两面性,它所带来的负面影响有时远远超过其积极作用,"心腹"的程度越深,危害越大。求贤若渴而又疑心重重的领导们,对"心腹"这个特殊角色怀着极为复杂的心情。

职场中,利益是最重要的,人心是世界上最难预测的东西。只要有利益就会有矛盾,就会有猜疑,就会有隔阂。在领导的位置上,仅凭一己之力,很难一览众山,而要做出正确决策,又必须对复杂的外部环境有准确的把握,尤其是对作为企业最重要资源的人际关系,一个处理不好就会毁了整个企业。

另外,职场中经常出现拉帮结派的现象,一个领导不布几条眼线,是看不到这些的。这种复杂的关系决定领导需要心腹,但同时又讨厌心腹,也多半是因为心腹在这上面起着很大的作用,甚至很多心腹就是作为人际关系的收集者和监督者存在的。

另外,与领导距离太近的心腹,很容易目测到领导的隐私。

在办公室中,没有哪位领导希望自己的隐私被手下的员工知道,更不愿意看到一个知道自己隐私的人在眼皮子底下晃来晃去,因此,一个心腹的角色在领导心中非常容易变成心腹之患的角色。

丛裕经过一轮又一轮的考试,终于如愿以偿地进了一家计算机公司。他谦虚好学,手脚勤快,头脑灵活,在学校的时候就是从一个不起眼的学生会干事混到学生部主席的位置,颇会看眼色办事,很快就赢得了主管的好感,主管对他格外关照,经常对他的工作进行指导。

丛裕为了表示感激,经常主动跑腿帮主管办一些无关紧要的琐事。由于两人住同一个方向,下班后主管常让丛裕搭便车,渐渐地,两人的关系就超出了普通的上司与下属的关系,丛裕觉得自己现在已经成了主管的心腹,非常有成就感。因此在公司里,丛裕在主管面前也没有一点拘束感。

有一次因为赶工期加班,一直忙到晚上十点多,上司让丛裕跟同事们先走,他还有一点儿收尾工作要处理。丛裕在公司附近的快餐店吃过晚饭,忽然想起主管还没有吃晚饭,就抱着讨好的心态买了一份饭给主管送去。主管的房门虚掩着,他没敲门就闯了进去,结果看见主管的怀里坐着自己的女同事。两人先是一阵慌乱,然后又装出一副若无其事的样子。丛裕的脸倒是红了,他把饭一放,赶紧溜了出去。

丛裕不明白,女同事跟自己一起离开公司的,怎么又回来了?

丛裕更不明白,平时主管挺正派的,已经结婚的人,怎么又跟下属勾搭上了?

后来丛裕发现这些问题对自己都无关紧要,紧要的是他在面对主管和女同事时的尴尬。

尽管他们都装出什么事都没发生的样子,可是丛裕发现,女同事刻意躲着他,主管变得对他非常客气,只是下班后也不邀请他搭便车了。

丛裕感觉到是自己撞破了他们的秘密,才会导致这样的结果,思来想去,为了表明自己的态度,他给主管发了一封电子邮件:我是一个开明的人,也是一个宽容的人,我不会做傻事的。

丛裕天真地以为,只要主管知道了自己的真实意图,自己还是主管的心腹,殊不知,丛裕已经从主管的心腹转变为心腹之患的角色。

此后,丛裕跟主管的关系还是没有什么改善。

直到有一天,公司里忽然传出主管跟那个女同事关系暧昧的消息,丛裕感觉到主管对他的态度明显恶化了。其实,丛裕并没有透露这件事,是主管跟女同事幽会时被别的部门的人发现并传播的。但主管却认为是丛裕所为。丛裕开始还想找主管解释,但是想到事情会越描越黑,就只好任凭事态发展了。

不久,公司在一个偏远的地区成立办事处,丛裕被调到了那个谁也不愿去的地方。刚开始,丛裕不想去,他到公司人力资源部质问,得到的答复是:

年轻人需要到基层接受锻炼;公司认为你是一个开明和宽容的人,不会对这次调动持有不同意见。丛裕没想到自己向主管表明态度的措辞,竟成了公司"发配"他的理由。

心腹与心腹之患的距离很近很近,因此,职场中不管如何,一定要时时刻刻保持谨慎,即便你是某位领导的心腹,则更需要小心。领导的一个定时炸弹,在你不经意间会将你炸得"遍体鳞伤"。

010 隐形心理，当领导话中有话时要细心体会

职场是一个特殊场合，有些话不能说或者不能说得太直白，这时，就需要用另外的语言代替。这种隐形的方法，是领导常常使用，且最擅长的，比如，有时候你不难发现，上司随口说出的一句话总是让你捉摸不透，这其中到底是什么意思呢？

小张很高兴自己有个通情达理的上司，做每个单子的时候上司都会微笑着对他说："不错不错，真棒。"

初出茅庐的小张听到表扬，几乎兴奋得连自己的名字都会忘记。经常还会跟朋友吹嘘："很可能最近我就会加薪了哟。"

两周后，小张与同组的小丽同作一个项目，给上司做流程演示的时候，上司仍然微笑点头，连说很好。小张自然是心花怒放，就听见小丽以很诚恳的语气说：请给我们一些意见吧，我们真的很需要知道这个项目有哪些不足。

结果，老板一连点出了几个死穴，小张被生生吓出一身冷汗。

小张有点不了解了，平时上司每次都说"很好"、"不错"，怎么此时会一下子说出了那么多"死穴"？这让小张百思不得其解。

再说一个实例：

小王在一次公司总结会议上,很多同事都这样评价他"独立工作能力强"、"眼光长远"、"具有极佳的口才",这让小王非常高兴,自己辛辛苦苦这么久终于得到了同事们的认可,可事实却并未如此。

部门经理在会后却把小王单独叫到了他的办公室,小王以为经理是要给他什么奖励,却发现经理的脸色很难看,问他是不是经常擅作主张,和同事合作不好。小王觉得很委屈,刚才开会的时候同事们对他的评价还很好,到经理这儿,怎么一下就全变了。他一下从热闹兴奋的状态跌入冰窖。

到了这里,不知道你听出来了没有,第一个实例中上司说的"很好"、"不错"背后的意思其实是"不够好"、"很糟",而"独立工作能力强"、"眼光长远"、"具有极佳的口才"实际是说做事独断专行、缺乏团队协作精神!听不懂这些"话中话",肯定会在职场中吃亏!

一般情况下,职场新人要想真正理解别人说话的意思,可以从下面两个角度入手:

首先,理解说话者的语境与立场。同样一句话,其实质意义可能由于说话者所处语境不同而有着天壤之别。员工做了错事,上司批评他可能有两种完全不同的方式:一是将他叫到自己办公室,语气严厉地批评一顿,然后再鼓励几句;二是在公司大会上或当着其他员工面,表面语言温和,其实暗含批评。毫无疑问,第一种方式的意思表达是直接,属于明语表达。而后一种方式则是暗语,领导者为顾全受批评者的面子,将批评言辞的尖利包装在鼓励之词中,目的却是希望受批评者听出其言外之意,并予以改正。在当今的职场之中,像第一种比较直接的表达方式已经逐渐被第二种的方式代替,如果你还以为只有言辞激烈的批评才是批评的话,就大错特错了。

其次,应该学会察言观色,了解不同的表达方式。很多时候,同样的信息,不同的人就有很大表达差异:有些人对喜怒哀乐从不掩饰,有些人则习惯以不动声色来掩藏自己的情绪,有些人则喜欢反过来表达情感。所以,要识别别人所说的话是正话还是反话,是暗语还是明语,重要的一点就是了解说话者一贯以来的表述方式与表述习惯,从中去捕捉其语言表达中是否存在暗语。

上司的话中话其实并不难理解,只要身处职场中人,多长一个心眼,遇到话中话的问题,自然迎刃而解。

职场中,有的'话中话'是对我们的提醒和帮助,我们必须听得懂并加以改正。还有一部分就是虚伪和讥讽,这些如何面对呢?

不管这些话中话是鼓励还是挑衅,或者是虚伪和讽刺,听话者都要从这几个方面注意:

首先,有稳定的心理素质很关键。不能因为别人的几句转弯抹角的话就刺激到自己的情绪,用语言攻击一个人是很难有什么切实的证据来辩白是非的。如果你感觉到别人正话反说,不如一笑而过或者置之不理。

其次,要注意培养自己的逻辑思维。很多讽刺你的话事实上都是不堪一击的,如果实在到了要反击的时候,一定要抓住要害,一击即中,不要陷入漫长的口水战浪费时间。但最好的办法,永远都是大事化小小事化无。

再次,有明确的是非观念。过于天真会让你轻信那些口蜜腹剑的老狐狸,过于世故又会令你错失真正的朋友,所以尽量不要根据只言片语去判断一个人的为人,客观而低调才是正确的职场态度。

对职场中的人而言,遇到一些难以正面回应的话,完全可以通过这些话中话来回应。

其实,这些"话中话",有消极也有积极方面,更多的是一种不得不用的客套用语,让不得不说的话更委婉、容易接受,虽然可能使得新人莫名其妙,但对于避免同事间的尴尬和感情伤害还是很有用的。

当然,这不是绝对的,不管说话也好,做事也好,还是要看情况,视场合而定,因人而异。你自己要分辨清楚,什么是真,什么是假,什么场合可讲可不讲,自己要把握分寸。确实有时候就是考你的水平,你不能不讲,但你既要讲得合情合理,又要有所保留,不然,说得多错得多。

其实,只要在平时的工作中多积累,多观察一下别人,或多或少你都能够学到一招半式。当你在跟别人打交道时,出现不能直接面对,或者不方便直接挑明的话,不妨学会使用话中有话,让对方明白你的意思。

总之,话中有话,用在正道上,适可而止就是了。

第四章
摸清同事心理,职场中结成攻守同盟

001 定性心理，做事情之前别说过头话

当你有求于别人的时候，前一分钟，对方信誓旦旦，说："这件事交给了我，就等于已经成功了"，当然，你会非常高兴，并佩服对方的能力与实力。

然而，后一分钟，对方却对你说："这件事遇到了一点困难，我可能帮不了你。"

可能表面上你会说无所谓，但心里肯定不会乐意。

同样的情形，你有求于别人，前一分钟，对方说："这件事结果不管能不能让你满意，但我一定尽力而为。"

后一分钟，对方对你说："这件事遇到了一点困难，我尽力了。"

你可能会略微失望，但心里肯定不会责备对方，因为对方已经尽力了。

同样的结果，为什么会有截然不同的心理效果呢？

一个人对别人开始的承诺已经在心中形成了一种定势，如果你说能完成，对方在心底已经固定了这种定势：能够完成。然而，你没有完成，在定性心理的影响下，肯定产生负面情绪。即便完成了，这也是理所当然，只是履行承诺罢了。

如果你开始给对方的承诺留有余地，在定性心理的影响下，尽管结果没有满足，但同样在心理定性的影响下，不会对你产生负面情绪。但如果你能够完成对方的请求，则会产生更强烈的效果。

职场中，同事之间难免会有互帮互助的现象，当你承诺一件事情时，在

综合考虑自身能力和其他因素后,尚需留有一定余地,使你最终达成的结果不低于你承诺的。也就是说,可以给人一个意外的惊喜,但是不要让人希望越大失望越大。

然而,在职场中,很多人都喜欢给自己定很高的目标,想让别人肯定自己的能力,这都是可以理解的。但是在向别人许诺之前一定要考虑自己有没有实现的能力,如果没有,那么还是不要轻易许下诺言的好。

一家中型物流公司招聘两名业务经理,两个人前来应聘。其中一个说:"我有五年的工作经验,擅长终端业务,如果授予我相应的自主支配权,我敢保证,一年能够完成200万的业务!"总经理庆幸喜得人才,任命他为地区经理。

另外一个人在实力上则显得相对较弱,说:"我有两年的工作经验,擅长交际沟通,如果给我一次机会的话,那么我愿意竭诚为公司服务。"经理见他踏踏实实也很喜欢,就先让他干了一年。

年终总结会上,两个人同样完成了100万的业务。然而,结局却大相径庭,第一位被撤掉了地区经理职位,第二位则增加了薪金,继续留在地区经理的位置上。

同样是100万业务,却一个降职一个升职,受到的待遇如此不同。这是定性心理不同造成的结果!拔高自己的时候要根据实际情况,如果一味地说自己多么能干而到头来没有实现自己曾经夸下的海口,那么结果只会让人把你看低。

第一个人信心十足,有意拔高自己以求得他人尊重,心情可以理解,结果却难以如愿。

职场中,要小心对待你的诺言。一旦许下诺言,就不能言而无信。最保险的办法是不要轻易向人承诺,决不轻易向人许诺你可能办不到的事,这是不失信于人的最好方法。

李强毕业之后进入银行工作。

一次,他过去的导师找到他,想经营一家超市,却缺少资金,便去问他能不能帮忙贷款。李强认为导师对自己情深义重,第一次找自己帮忙,怎么能拒绝呢,当即一口答应。

可是,他毕竟刚参加工作不久,还没取得说话的资历,老师的贷款请求又不完全合乎规章,所以,当导师后续工作全部做完,等着资金开业时,他这里却拿不出钱来,搞得很被动。导师大怒,责备李强捉弄自己,让自己白白投资了一部分钱,李强非常懊恼。

有些人是不好意思拒绝别人而向他人承诺,而有些人则喜欢胡乱吹嘘自己的能力,随随便便向别人夸下海口,承诺自己根本办不到的事情。结果不但事情没有办成,自己的人缘也搞臭了。

职场中,一个人的信誉非常重要,不喜欢转弯抹角的弯弯绕,更讨厌貌似有口无心、直言快语,实则机关算尽言而无信的滑头。

谈话中的每一个观点都是对一个人品质的检阅,每一项承诺都是对其人格的担保,言而有信才能取悦于人。

因此,在承诺别人的时候,一定要留有余地。不然,在定性心理的影响下,很容易出力不讨好。

002 共性心理,免于被同事排挤

共性是相对于个性而言的。就好比一大群人在一起,如果大家都是裸体,彼此之间都存在共同的特点,不会觉得有什么特别,突然有一个人穿着衣服出现,在很多人看来,他可能是异类;但如果大家都穿着衣服,突然一个不穿衣服的人出现,人们会有同样的心理反应。

这就是共性心理,职场中同样如此。

因为每个人的能力、条件不一样,一个能力特别突出的人,很容易遭到同事排挤;一个个性特别强的人,同样容易遭到排挤。需要知道,职场中的同事是朋友,也是敌人,差距就在一线之隔。

小洁是一个聪明漂亮,多才多艺,为人正派随和的女孩,她做事非常的勤快,颇有能力。可是她刚到一家公司上班,就有几个相貌学历和能力远不如她的女同事总是排挤她,给她难堪,以老员工的身份压制她。说她做什么都不行,办事效率太低。而实际上她能力很强,接受新知识的能力也比较强,然而,受到同事的排挤,让她非常难熬。

在职场之中,受到排挤这种事情非常正常,同事既是朋友,也是敌人,拥有共同的利益,但同事也具有相悖的利益,"能够让我获得利益的业务,绝对不会拱手让给别人",这就是职场。

如果有一天,你发现你的同事突然一改常态,不再对你友好,事事抱着不合作的态度,处处给你设难题刁难你,出你的洋相,看你的笑话,你就得当心了,这些信息向你传送了一个危险信号:同事在排挤你。

如果某天,你很不幸,发现自己被同事排挤,一定要先评估状况,观察是否真的所有的人都排挤你?还是部分人排挤你,其他人只是不表态?或者根本就是自己多心?有时候事情未必如想象中的糟糕,千万不要钻牛角尖。

确定已经被同事孤立排挤了,也要根据对象和原因来作处理。如果对方是跟自己平常业务不相关的人,只要自己智商够高,对他散布的言语或行动,可以不作任何反应,因为人际圈不同,碰面机会不大。但对方若跟你在工作上接触频繁,就不能继续维持僵局。冤家宜解不宜结,最好还是想办法来给自己解围。

给自己解围,首先要做的就是找出被同事排挤的原因。

被同事排挤,必然有其主观或者客观的原因。

这些原因不外乎以下几种情况:

第一,在硬件方面,能力突出,受到上司的赞赏和褒奖,招来同事妒忌,所以群起排挤你,比如你有着令人羡慕的优越条件,包括高学历、有背景、相貌出众,这些都有可能让你受到妒忌;

第二,在个人方面,衣着奇特、言谈过分、爱出风头,令同事却步,比如喜欢潮流打扮,言行出格,与众人格格不入;

第三,在关系方面,站错了队伍,过分讨好上级而疏于和同事交往,比如站在了某个小集团的利益队伍中,受到大多数人的排挤,或者为了过分讨好上级而疏于和同事的交往,让同事心生讨厌;

第四,最关键的一条,妨碍了同事获取利益,包括晋升、加薪等关系到切身利益的事情。

在职场之中,遭人嫉妒和排挤是非常正常的事情,其中有主观也有客观的原因。

但是千万不要有"不招人妒是庸才"的想法,毕竟被人排外在职场之中是一件非常危险的事情。

对于第一种的被人排挤,这情况也很自然,所谓"不招人妒是庸才",能招人妒忌也不是丢面子的事。其实只要平日对人的态度和蔼亲切,让同事们感觉到你并没有恃宠自娇,发觉你是一个老实人,久而久之便会乐于和你交往。另外,你可以培养自己的聊天魅力,因为同事们的最大爱好之一就是聊天,通过聊天改变同事对你的态度。

如果是个人原因,遭人排挤,需要重新审视自我,认真地作出改善。收敛自己的行为,不要乱发一些惊人的言论,即使你的能力突出,做出了成绩,也要学会低调,同时如果做出了成绩,更要低调,因为这更容易招来同事的排挤。职场之中,要做到"大隐隐于市",过分的另类不会你带来方便,不要因为一些无关紧要的事情让你受到排挤,和大部分人保持一致。

第三种遭人排挤的原因,这是你本人的不幸,唯有等机会向同事表示,自然可以消除同事对你的排外之心。

最关键方面,受到排挤,你要注意你做事的分寸。升职、加薪、条件改善甚至领导一句口头表扬都是同事们想获得的奖励,争夺也在所难免,虽然大家非常努力地工作,但彼此心照不宣,谁都想获得一种优先奖励权,首先得到上司的信赖和重用,甚至是与上司关系的亲近疏远也是大家共同努力的目标。

总体而言,在发现自己受到排挤,或者已经被排挤在外的时候,要做好以下几个方面:

一、先反省自己是否有错。若是同事不愿意告诉你,可以请教其他同事,或者办公室中的公正人士;

二、要能容、能忍。忍住委屈很痛苦,所以一定要放宽心胸,才能容纳所有的事情。比较开阔的想法是,这个世界上有人喜欢你,也必然有人讨厌你,本来就是常态,不要刻意去放大讨厌的部分;

三、寻求和解。找出对方排挤你的原因,和解的过程中,异中求同很重要,找出双方共同的兴趣、立场、认识的人、活动范围,彼此有交集,问题就容易解决。

尝试过各种方法后,万一对方仍然不肯接受和解,这时问题不在自己,而在对方。毕竟一个巴掌拍不响,也只能让这个僵局继续下去,最起码自己俯仰无愧。

对开头事例中的小洁，这种情况很多职场新人都遇到过，要避免排挤必须多观察。进入一个新环境，很容易出现被排挤的现象，人人都有一种排外的情绪，职场之中，老职工对新职工同样有戒备心理，只要彼此熟悉了，排挤自然消失。

职场人际问题很难用理性去解释，万一不幸还是被排挤了，也不用心存不平想报复，有句话说：勿与小人结仇，小人自有对头。根据经验，如果确定自己没做错，就继续坚持下去，想让身边的每一个人都喜欢你，这是不可能实现的事情。

003 优越心理，学会向同事求助

职场中，同事之间最忌讳什么？

可能很多人都会回答，最忌讳对方比自己强。

的确如此，但是如果让你向同事寻求帮助，你愿意吗？

然而，却有一些职场圆滑之人，喜欢向上司或者同事请教一些问题。奇怪的是，这些喜欢向同事请教的人，不仅没有同事轻视，反而和同事的关系处得非常好。

这就是一种优越心理。

生活中，很多人都有这种心理，自己一定要做到比身边的人强，让自己树立一种优越感，这种心理在职场中尤其强烈。向别人请教问题，就是在满足对方的优越心理，每个人都喜欢与能力不如自己的人交往，而不愿意和比自己能力突出的人在一起。

职场工作中，向领导寻求帮助，或者请领导指示，无可厚非。如果向同事寻求帮助，比如请同事延长一些工作的截止时间，或者询问反馈和意见，表面看起来，有点不合时宜，其实效果却是截然相反。

向同事请教、寻求帮助，这并不会让你看起来能力不够，相反，在领导看来，这表明你是一个很懂得团队合作、非常具有团队精神的人。也许你自己会感觉到自己在能力方面比同事稍微有一点弱，但这也表明你其实是想把工作做得更好。

张刚由于能力突出,被任命为业务部经理助理,对他来说这个新职位有许多需要学的东西。因为没有经验,当下属有问题询问时,他往往会自己花费大量时间搜寻各种资料来解答。其实他自己明白,如果他问一下同级的或者上司或是一些老员工,问题解决得会更方便和快捷,自己也不用这么忙碌。但他没有这么做,因为他担心在自己任职的初期,向同事寻求太多的帮助,会让领导认为提升他是一个错误。

可能,你会认为张刚的担心是正常的,因为职场中,领导最看重的是能否独立完成工作任务,不仅是领导,几乎所有人都认为独立完成工作会让人觉得更有能力。但不寻求同事的帮助其实是一种资源浪费,事实上同事们都很希望其他人向他们寻求专业上的帮助。如果张刚浪费太多时间在找资料这种琐事上,就不能腾出更多的时间来进行别的更紧急和重要的工作。要知道,适度地向同事求助,还可以迅速和他们建立起更好的关系。

显然,偶尔向同事寻求帮助,是一种优点和明智的选择。因为这表明你能清晰地分辨自己可以胜任和不能胜任的事情,并且懂得事先进行合理安排。也许,向同事求助,会揭露一些你自己并不擅长或没有能力完成的事情。但承认自己的不完美并不会让你降低身份,即便你不承认也没有人觉得你是完美的,给自己增加点学习的心态没什么不好,或许会让人觉得更亲近。

除此之外,你需要提醒自己,学会适时地向别人寻求帮助将大大有利于扩大自己的社会交往。事实上,当你愿意放下架子,承认自己能力不如同事,作为回报,别人会乐意给予你帮助。同时你也可以通过这种学习,让自己进步,从而拥有更强的能力。

尤其是职场女性,碍于面子问题,常常为了争一口气或是证明自己的能力而让自己累得精疲力竭,这没有必要,太过独立坚强的你会让人敬而远之,需要帮忙的时候不要紧闭尊口。

但是,这种请教仅局限同级之间,如果你向下级询问问题,这不但会让同事觉得你能力低下,甚至会让领导觉得你难以胜任目前的工作。尽管职场地位不代表能力,但面子有的时候还是需要的,因为面子有的时候,不仅仅代表脸面,还代表一种权威。

004 自信心理，别对同事说"你错了"

一个公开的场合，当你在陈述完自己的观点之后，突然有一个声音说：你错了！听到这句话的时候，你会是什么表情？尴尬的同时，伴随着深深的愤怒。

不管这个声音来自谁，领导或同事，都会让你愤怒不已。

为什么？因为你感觉到自己的自尊心受到了伤害。

然而，人都有一种优越心理，喜欢通过否定别人来表现自己，通过贬低别人来抬高自己的价值，表现自己的能力，因为只有在对比中才能彰显一个人的实力。

试想，如果"你错了"这个声音的来源是自己，别人会怎么想？

职场中，每一个人正常人都具有武断、固执、嫉妒、猜忌、恐惧和傲慢等缺点，所以我们很难向别人承认自己错了。而且，一个人说错话或者做错事，总是有原因的，所以我们即使明知自己错了，也会强调客观原因，认为错得有理。

关于这种心理，安德森教授在他的《下决心的过程》中写道：我们有时会在毫无抗拒或热情淹没的情形下改变自己的想法，但是如果有人说我们错了，反而会使我们迁怒对方，更固执己见。我们会毫无根据地形成自己的想法，但如果有人不同意我们的想法时，反而会全心全意维护我们的想法。

显然不是那些想法对我们珍贵,而是我们的自尊心受到了威胁……"我的"这个简单的词,是为人处世的关系中最重要的,妥善运用这两个字才是智慧之源。不论说"我的"晚餐、"我的"狗、"我的"房子、"我的"父亲、"我的"国家或"我的"上帝,都具备相同的力量。我们不但不喜欢说"我的表不准",或"我的车太破旧",也讨厌别人纠正我们对火车的知识……我们愿意继续相信以往惯于相信的事,而如果我们所相信的事遭到了怀疑,我们就会找借口为自己的信念辩护。结果呢,多数我们所谓的推理,变成找借口来继续相信我们早已相信的事物。

因此,在职场中,尽管我们有足够的自信,也不要直接对别人说:你错了!这对我们没有任何好处,反而会让别人迁怒自己。

小王是公司后勤部的业务主管。一次,公司需要购置一批办公物资,小王将这个任务交到了自己的助理,让他来独立完成。

几天后,助理完成了这项业务,当账单送来时,小王大吃一惊,意识到在价钱上吃了很大的亏。

小王很吃惊地说道:"太过分了,你所采购的这批物资,价格太高了。"

助理却不肯承认自己做了一桩错误的交易,他辩解说:"一分钱一分货,贵有贵的价值,你不可能用便宜的价钱买到高品质又有质量一流的东西……"

结果,他们为此事争论了一个下午,最后不欢而散。

当我们不愿承认自己错了的时候,完全是情绪作用,跟事情本身已经没有关系。当我们错的时候,也许会对自己承认。如果对方处理得很巧妙而且和善可亲,我们也会对别人承认,甚至为自己的坦白直率而自豪。但如果有人想把难以下咽的食物硬塞进我们的口中,那我们是决不肯接受的。

既然我们自己是这种心理,那么就可以理解别人也具有同样的心理,因此不要把所谓"正确"意见塞给对方,这种方法对方不仅不能接受,还会迁怒于你,何必呢?

有一位手机代理商,在处理顾客的抱怨意见时,常常冷酷无情,决不肯承认是自己手机出现的问题,总想证明问题的根源是顾客在某些方面犯了错误。

结果,他从事这份工作的两个月中,每天陷于争吵和官司纠纷中,心情一天比一天坏,生意也大不如以前。

为此,手机销售商取消了他的代理资格。

同样的是代理商,另外一位代理商却取得了很好的效果。

当顾客投诉时,这位代理商首先说:"我们确实犯了不少错误,真是不好意思。关于你的手机,我们有什么做得不合理的地方,请你告诉我。"

这个办法不仅避免了纠纷和官司,没有任何的情绪对抗,反而轻易地将事情解决了。如此一来,代理商就能轻松地处理每一件事情,生意也越来越好。

当我们说对方错了的时候,他的反应常让我们头疼,而当我们承认自己也许错了时,就绝不会有这样的麻烦。这样做,不但会避免所有的争执,而且可以使对方跟你一样地宽宏大度,承认他也可能弄错。

职场中,不要对别人的错误过于敏感,不要执著于所谓正确的意见,不要轻易刺激任何人。如果你要使别人同意你,应当牢记的一句话就是:"尊重别人的意见,永远别说'你错了'"。

005 职场中，个性不需要太张扬

人都有这样一种心理：职场中彰显自我，彰显个性。尤其是如今这个崇尚个性的年代，很多人都在努力追求个性，追求一种与众不同的特质，一种不因潮流而改变、并且随着时间的推移沉淀下来的特质。

现代的人，在不同场合都在努力体现、张扬自己的个性，职场人也不例外。

周扬俊，是个典型的 80 后代表，新新人类，他很顺利地到进入一家公司做市场销售的工作。本来一份前景很乐观的工作，周扬俊却因为细节上出了一些问题，和部门同事的关系弄得非常紧张，令他沮丧万分。

一上班，他就令单位的老同事"眼前一亮"：齐肩的长发被挑染得五颜六色，牛仔裤被他故意剪了几个破洞，一个电脑包斜挎在肩上，走起路来松松垮垮。同事们面面相觑，疑心是哪个艺术家走错了门，误进了公司。

这些还是小问题，最让老同事受不了的是他满嘴跑火车的劲头。时间长了，同事们见到他避之犹恐不及。周扬俊不傻，他也看出来了，但却百思不得其解。

上班时，他依旧左面口袋里揣着小灵通，右边口袋里揣着手机，讲起电话来没完没了，云山雾罩，唾沫星子乱飞。最让人看不过的是他那自以为是的狂妄，工作中遇到问题从不向老同事请教，总以为自己处理问题的方法是最正确的。

一天,周扬俊正在打电话,讲到高兴处,哈哈大笑,被下来检查工作的上司逮了个正着。看到他的样子,上司差点没当场气得晕过去,于是勒令他收拾好个性,并且给他一道选择题:在保留个性则另谋高就和继续留下则收起个性之间做出选择,其中之一的要求就是剪掉他自认为是"酷"的小尾巴。

周扬俊选择了保留个性,离开了公司。一年之后,他还在继续找工作,因为要保留个性,他已经先后被四家公司扫地出门。

他开始有点搞不懂,个性与职场究竟有什么冲突。

其实,周扬俊错就错在把职场当成了表演个性的场所。因为员工的不良形象会直接损害公司的形象,会让上司对你的印象大打折扣,会让上司对你的工作能力表示怀疑,会让客户对你的信誉产生质疑,会让同事们对你的个性产生误解。

作为年青一代的职业人,个性更是他们标榜自己,体现自身价值的"工具",也是他们在职场发展的重要品质。只是,作为个体对象,都欣赏个性,但在一个团队、一个大环境中,太过强烈的个性,在让人们变得与众不同的同时,也会显得格格不入,更不利于自身的发展,严重的甚至会阻碍发展。

对于职场人来说,职场就是他们的战场,是他们幸福生活的源泉,所以,为了获得更长久的发展,在彰显"个性"的同时,也应该具备一份善于融入的"共性"。

29岁外企中层管理者梁小姐是典型的东北人,做事情果断干脆,不拖泥带水,个性耿直,凡事追求完美,我行我素、不愿妥协。也因为这样的个性,现在的公司已经是她的第五份工作了。

有这样特质的梁小姐自然是个有能力的优质白领,她的能力,让她有资本可以把个性发挥到极致,甚至不惜放弃工作。29岁的她,已经跳了五次槽,原因都是因为她那过于强烈的个性。她的个性不仅不给同事面子,有时对领导也"一视同仁"。来这个公司前,她在一个著名的世界五百强企业做业务主管。凭她的资历和能力,完全可以在那里有很好的发展。高层起初非常看好她,也对她委以重任,并列为重点培养对象。梁小姐对下属非常照顾,虽然她对工作要求很高,管理也很严格,但在工作以外,她会尽自己的所能,为员工争取更多的利益,工作上也是尽量为他们提供方便。一旦与上司发生矛盾,梁小姐总是第一个站出来承担责任,所以,她的部门很有凝聚力,工作小环境很和谐。但她就是与上级关系相处不好。别的部门负责人,为了自己的职位和利益,经常用部门经费巴结上司,对下属则严格控制。她的做法则正好相反。

为此,她曾得罪过许多领导。一些知情者好言相劝,让她该低头时还是要学会低头,哪怕违心地说些好话,像她这样的年纪,这样的能力,将来会大有发展。只是这些劝说,对她根本不起作用。她之所以离开以前那个有良好发展的公司,还是因为个性。

辞职的前三个月,公司接到一个案子,梁小姐部门被安排负责市场调研。在做提案的时候,梁小姐与公司上层发生分歧,梁小姐坚持选择与他们长期合作但没有背景的市场公司继续合作,但公司上层则希望她能换另一家公司,因为该公司是公司高管的裙带关系。

梁小姐断然拒绝,理由是她对这个公司的情况一点也不了解,无法确保质量,她的态度让高管很尴尬。有人劝她别太认真了,原来的公司也只是普通的合作关系而已,换一个公司对她个人来说没有任何损失,还可以卖个顺水人情。但梁小姐就是不答应,她认为这样太对不起长期合作的公司,同时对客户也不负责任。最后,在她的坚持下,高管让步。只是从那以后,梁小姐的工作越来越难开展,上层对她的工作业绩也不再肯定,做好做坏,做多做少,似乎这一切都是梁小姐自找的。聪敏的她一看就知道是怎么回事。这个案子结束后,她就被搁置到了一边,每天的工作只是些琐事。时间一长,部门内部也传出了闲言碎语,认为因为她自我感觉太好,得罪了上层,也连累了他们坐冷板凳。她为此事曾找上层沟通过,但并无效果。为了不影响其他人,更为了自己的一份坚持,梁小姐选择了辞职。

在这个追求个性的年代,每个人都或多或少有些完全属于自己的东西,或许这就是个性。有个性的人确实与众不同,也有魅力,但个性毕竟也有它的局限性,如果在任何场合都要强调、张扬个性,这样的做法就有些太狭隘了。尤其在职场,这个人际关系错综复杂的地方,并不适合太彰显个性,正相反,在这里,人们更看重和接受的是"共性",是融入和协调。

确切地说,"个性"并不一定是"与众不同",它是一种自己对自己的了解和判断,是一种不为外界影响所动的持续,是一种坚持。而在这份坚持中,不仅仅存在不同,更多的是相同与和谐。不分时间、场合地一味坚持与众不同,那应该叫"逆反",而不是"个性"。

作为职场中人,应该花点时间来重新审视和鉴定"个性"的真正内涵。对于职场人来说,不妨碍团队工作的个性才是可取的,才是值得坚持下去的职场新人,收敛个性,放低姿态做人处世,或许会收到意想不到的惊喜和效果。

006 把自己当成最聪明的人，往往是最笨的

你够聪明吗？

估计十有八九会说自己聪明，事实真的是如此吗？

人都有一种"自我中心"的心理，所有的人或者事都是在围绕着自己，以自己为中心展开，这是一种正常的心理。

然而，职场之中，经常能听到这样的声音："我最讨厌我们办公室的某些人，自我感觉很聪明，什么事情都是夸夸其谈，像老板一样，似乎能掌握整个局面。"

这种声音是在对着职场中的一种人，一种比较聪明的人，而且是自以为是的聪明人。这种人是一种"自我中心"心理尤其强烈的人，当然，这种人有时的确能给人假象，觉着他们很能干很聪明，是职场强人。

但事实怎么样？

再仔细想一想，这些人看起来如此强大，为什么他们的声音总是能被你听到？为什么他们没有站在领导的位置上，而是和众多普通的员工一样呢？

这只能证明这种人和你的距离非常近，他们能够吸引人的地方，只有他们的自我感觉，往往这种良好的自我感觉却被扣上了一种不和谐的声音。

谁都希望自己是一个非常聪明的人，绝大多数人也都希望能够在众人面前表现出自己的聪明才智，从而得到人们的认可。可是事实上，世上真正意义上的聪明人几乎是没有的，而本不聪明却要自作聪明的人，却是随处可见，比比皆是。比如一些人，无论出现什么问题，都自作聪明地过来插一

手,像行家一样指手画脚,最终却并不能很好地解决问题。

李丽在公司部门里是一位普通的员工,但是她有一个很大的特点:做事情喜欢自作聪明,想当然。

不久前,客户打来电话,要求尽快找个时间将合同签了。李丽看了看,这是一个很普通的业务,并没有什么特殊之处,碰巧当时部门经理不在。据李丽得知,这个合同已经耽误了一些时间,让上司非常头疼,主要是因为这家客户的要求比较繁琐,在一些细节方面比较重视。

李丽天真地以为,这正是一个表现自己的好机会,这么一份比较让上司头疼的业务,如果被她拿下了,对她在上司心目中的形象的提升将会有很大的帮助。

她找来过去的一些合同,比较了一下,这次客户的合同里并没有什么苛刻的条件,只是付款的期限相对延长了一些。她没有考虑过多,私自作了主,将合同签了。

在经理回到了办公室之后,李丽抱着领功的心情将这件事报告给了自己的上司,谁知道被上司狠狠地批评了一顿,并责问她:"是不是想做我这个部门经理的位子?之所以迟迟没有签下这份合同,就是因为这个客户比较挑剔,回款的期限一直没有达成一致,这次却因为你方便了客户……"

李丽为自己的自作聪明付出了很大的代价。

是不是你曾经也有过类似"聪明"的举动?

千万别被职场里的这些所谓的聪明人迷惑,他们或许经常摆出老师的样子,教你做这个,教你做那个,但这都是自作聪明。因为好为人师的人往往都成不了老师,每个老师讲课都是收钱的,不收钱教你的东西,你觉得会有价值吗?

在职场上,很多人喜欢装聪明,表现得傲气十足,似乎高人一等。但实质上,他们装聪明却是因为自卑。这些人明知道自己不够聪明,在复杂残酷的职场上感到无可适从,所以就摆出聪明的外表,这其实是一副盔甲,是他们的保护色。

而另一种人是真的以为自己聪明,这实际上是不知道自己不够聪明。一个人最麻烦的事情并非聪明与否,而是不知道自己是怎么回事。自以为聪明的人往往会去尝试能力未及的事情,从而撞到头破血流。

前车之覆,后车之鉴。你应该审视一下,你是否是一个喜欢自作聪明的人,如果是,你就应该注意了,最好收起你那自作聪明的喜好,扎扎实实地做好你自己的事情。

一般情况下,自作聪明的人总是会标榜他们自己在社会上的重要性,在他的周围,一旦出现什么问题需要解决,那么你自然就会见到他的影子。插手他人矛盾是自作聪明者的惯用伎俩,他们总喜欢在"帮助"他人解决问题中显示他们的聪明才智,并希望以此向他人证明自己的能耐。可是事实上,自作聪明的人几乎没有一次能够真正地帮助别人把问题彻底解决掉,往往还会适得其反,不仅不能很好地解决问题,还会把问题搞得更加复杂化。然而,如果你去问自作聪明的人他在干什么,他根本就不可能给你一个明确的答复,因为连他自己都不知道他们这是在干什么。

充分地认识自己,明确自己的能力,面对问题冷静判断,量力而行,这才是聪明人应该做的。如果你真的想表现得比其他人更聪明一些,那么你就应该对自己有一个自知之明,没有必要总是要向他人强调自己的聪明,更没有必要利用所有可利用的以及不可利用的机会向众人表现你的聪明。你的聪明表现在你对本职工作的完成情况,表现在你对自身生活的把握,只要你这两点做好了,而不是去做那些意在哗众取宠的自作聪明的事,那么你就是一个聪明人。

德国有这样一句格言:世界上最可怕的两种东西是平静的水和不叫的狗。

在职场上,却有这么一种人,平时并没有突出的表现,通常不声不响,别人高谈阔论时他们并不会发表意见,似乎很木讷。但当一个重要工作令人们束手无策时,这些人不声不响地就完成了,让人刮目相看。

这种人往往才是真正可怕的人,真正有能力的人。

在职场之中,要像寂静的、深不可测的水一样深沉;要像与野狗迥异的轻易不叫的狗一样沉静,虽然稳健持重,一旦奋起,将爆发无法估量的巨大力量。

007 职场中不要和同事扯上金钱关系

不管是在什么场合中，牵扯到金钱的问题都是一个非常敏感的话题，牵扯到金钱就牵扯到了债务问题。

中国历史上最大的一场债务纠纷恐怕就是《三国演义》中刘备借荆州的故事。

孙刘结盟共同抗曹，赤壁之战后，刘备去向孙权"借荆州"，请求孙权把南郡、江夏郡划归自己管辖。孙权考虑到双方是盟友，而且对方只是说"借"，如果不借可能会破坏双方的盟友关系。于是孙权把南郡以及南郡以西的荆州长江沿岸地区借给了刘备。之后，刘备借助诸葛亮的帮助，势力逐渐强大起来，东吴便向刘备索还荆州，这时候的刘备就打起了哈哈，一会一个借口，就是不想归还。

为了要回自己借出去的土地，公元215年，东吴派吕蒙攻打长沙、桂阳、零陵三郡，刘备则命令关羽引兵来争。战争一触即发，曹操准备攻打汉中，威胁到了刘备的益州。于是刘备为了赢得东吴的帮助，说先还一半。公元219年，东吴趁刘备荆州镇守大将关羽欲北上攻打曹操的时机，为避免曹操背后偷袭，东吴对曹操称臣，争取了时间。吕蒙用白衣渡江计谋袭取荆州，杀了关羽，这样才要回了荆州。

虽然东吴最后把自己借出去的东西硬生生地要了回来，但是却付出了沉重的代价,而且最后还失去了友谊。

历史告诉我们一个非常严肃的现实问题:借钱给别人,最大的危险是不仅失去金钱,还可能同时失去亲情、友情,甚至与人反目为仇,做好事反而落了个这样的下场。

借钱的时候你是上帝,救苦救难的活菩萨。要钱的时候呢?你是孙子,因为欠债的人成了大爷。

职场之中,金钱同样是一个非常敏感的话题。

与同事之间不能公开交谈每个月的薪水,与上司之间谈金钱要慎之又慎,其中最为主要的一个方面,不要和同事之间在金钱方面扯上关系,这是一种非常危险地信号。

当然,同事间要互相帮助团结友爱,但这种互相帮助团结友爱却不涉及到金钱方面,不然《三国演义》借荆州的故事又会上演。

因为一种叫做"同事"的人际关系,阻碍了职场里的资金往来。

汪强就曾当了一次尴尬的"大爷"。

时值月末,正是汪强这种月光族最难捱的痛苦时光,偏偏又赶上交房租,囊中羞涩的汪强只好向同事小高求助,第一次开口借钱,小高自然不好拒绝,而且两人是办公室中非常要好的朋友关系。小高很痛快地帮他解了燃眉之急。

为了表示感谢,汪强专门请小高吃了一顿饭,当然花费不会太多,两个人没有超过一百块。

此事过后,汪强自以为两人关系不错,小高也不着急用钱,就没有放在心上。

虽然3000块钱不是一笔大数目,但也不是一时就能还清的,习惯了月光族生活的汪强眼看着过了一个半月,手中却没有存到一分钱。

这时,小高却委婉地提出了要求汪强还钱的要求,汪强只好厚着脸皮请人家宽限。

这样又拖了一个月,最后一次,小高回答汪强说不着急,前几天自己买电脑倒是用钱,不过终于辗转想出了办法。汪强没心没肺地连声道谢,过后就被"好事者"指出其实人家是在强烈暗示你还钱呢,再说了,你满身名牌会还不起这3000块钱?谁信?话里话外都在影射汪强的赖账。汪强心里别提多么不舒服了,第二天马上找到同学拆墙补洞,才算暂把这一层羞给遮住,至于日后是否留下不良口碑,汪强却是想也不敢想了。

的确,谁让这年头时兴本末倒置,欠账的是爷,赊账的是孙子。

然而,由于同事之间的特殊关系,也少不了涉及金钱方面的往来,如相互借钱、合伙投资、一方在另一方事业中投资、一方委托另一方进行与金钱有关的事情等等。这些事情办得好,是互惠互利,双方得益;但是一旦出现亏损,钱也拿不回了,真是赔了夫人又折兵。所以,同事之间涉及金钱往来时,一定要慎重。

俗话说,"亲兄弟明算账",何况仅仅是同事关系呢?

"同事"是以挣钱和事业为目的走到一起的,尽管比陌生人多一份暖,但终究不像亲兄弟一样,有着互相帮衬的道义,离开了办公室这一亩三分地,还不是各自散去奔东西。

同事之间涉及金钱往来时,不管是关系多铁的同事,也要公事公办,彼此之间计算清楚,所谓"先小人,后君子"正是这个意思。

同事之间借钱,如果是一两千的小数目也就算了,如果数目比较大,上万元甚至更多,那还是打借条比较好。同事合伙做生意,丑话说在前头比较好。各出多少资金、赢利怎么使用、利润怎么分配,在做生意之前都要讲清楚,以免在中间时因此出现意见不合闹矛盾。

涉及金钱时一定要先谈金钱后论同事,这不是只认钱不认人,而是一种十分明智的作法,对同事双方都有利。还以借钱为例,首先请记下多少钱,希望对方什么时候归还。其次要考虑自己有没有这笔钱,借出这笔钱后对自己有什么影响,以及归还时间等问题。这是先谈钱,然后论同事。因为双方是同事,所以请不要收取利息。

在和同事的金钱往来中,该说不的要说不,要会拒绝。首先,要客观地评估和同事的金钱往来会对自己的生活带来什么影响,据此再去考虑是否同意这种往来。如果有同事需要钱求你帮忙,那你首先得看看自己是否有闲钱,没有就告诉同事说没有,让他找别人帮忙,别耽误了正事。这需要考虑自己的利益,可能会有人说这样太自私,只考虑自己的利益。试问一个做事连自己的利益都不考虑,都不珍惜,又怎么会珍惜同事的利益?

如果我们有难处向同事借钱,即使是一百两百元小额,也要严格遵守期限和约定的日期,尽快还款。有句话不是说"有借有还,再借不难"吗?

职场之中,如果你和同事因为一些不可避免的因素牵扯到金钱的问题,原则性的问题一定要摆出来。这不是说一个人太吝啬,而是做事比较负责任,是对自己负责任,也是对别人负责任,对自己的劳动成果、金钱负责任,也是对别人的金钱负责任。

在与同事的相处中,谨慎金钱来往,是与同事友好相处的原则。如果职场中牵扯到金钱的问题,你一定要注意以下几个方面:

1.平时的生活和工作中,必须在身边带一些零花钱,哪怕是明知用不到,还是需要带一些。生活是没有演戏的,一开始就是直播,所以有些事情的发生也是无法预料的。

2.如果能避免借钱给别人,就尽量避免借。不是你吝啬,而是出于友谊的考虑。

3.借出的钱最好不要记住,借来的钱千万不要忘记。

4.假如你无奈需要借钱,要记住借的钱,及时归还。

5.养成计划用钱的习惯。

因此,如果不想和同事的关系错位或变味,就不要和同事之间刮起"金钱风"。

008 心理战术，玩转不同性格的同事法则

俗话说：一样米养百样人。在职场上，每两个人之间在品格、性格、能力、处事方式也大不相同，这就难免出现各种各样的同事。

人与人之间的不同，注定了在职场之中会碰到不同类型的同事，有的容易相处，有的不易相处，有的喜欢不停抱怨，有的会莫名其妙发脾气，还有的会喋喋不休、常说别人坏话……

因此，我们不要用一把尺子衡量每一个人，也不能用一种方式去接触每一个人，与性格类型不同的同事相处，要掌握不同的方法和分寸。

美国斯坦佛大学管理学教授萨顿在《不混蛋的规则》一书中，将这些讨厌的职场行为称为"混蛋行为"。萨顿同时指出，面对这些难缠的同事，关键在于保持心平气和，只要学会适当改变自己的行为，就能摆脱他们的影响，提高个人的生活品质。

遇到喜怒无常的同事，需要"留一手"

职场中这类型的人的最大特点就是喜怒无常，说翻脸就翻脸，翻脸比翻书还快，而且一翻脸就不认人，什么都不顾。

李彤在公司中就遇到了这样一位同事，此人是典型的八零后女青年，刚进公司的时候，大家对她都非常好，她也表现得很友好。可是慢慢地，很

多人都疏远了她。

因为她脾气不好、情绪控制力很差,经常因为一点小事大发脾气,对别人大吼大叫,毫不顾及他人的感受。

尽管别人对她非常好,但是只要一桩小事不顺她的心,她就马上翻脸,让很多人敬而远之。但是当她高兴的时候,全然不顾先前对别人的无理,与同事有说有笑,尽管别人的表情不甚自在。

其实,面对这种情商差的"火药桶",最好的处理方式就是冷静、冷静、再冷静,因为对方若能处理好自己的情绪,也不会出现赤裸裸的愤怒和怨气。

此时,我们不妨学学西方人,运用"暂时离开"的哲学,礼貌地说一句:"对不起,我想去趟洗手间,等一下我们再谈。"也可以说:"对不起,我现在跟人有约,可否待会再谈?"总之,及时离开现场,可以让你远离风暴、平复心情。

遇到"祥林嫂"似的同事,不要和对方产生"共鸣"

尽管有些同事的脾气不像"火药桶"那样恐怖,但如果有位同事整天在你耳边喋喋不休,不停抱怨,你的心情也好不到哪去。有些人把这样的同事叫做"祥林嫂"。

据美国《华尔街日报》报道,那些爱抱怨的人,常常搅得同事们无法好好工作。

假使碰到那些喜欢抱怨或想法消极的"祥林嫂",可以先花几分钟听听他们的抱怨,真诚地对他们的境遇表示同情,然后再引导他们关注一些正面的事务;或是把焦点拉回到工作中来:"有些事就是不合理,可我们现在该怎么办?能怎么做?"引导他思考解决方案。

如果他继续抱怨,不妨采取"敬而远之"的策略,不要经过他们的座位,对他们的抱怨也不要有所反应,久而久之,他们得不到共鸣,就不会再来骚扰你了。

切记一点,千万不要和他们有共鸣,哪怕是一次也不行,因为只要出现一次机会,他就认为你和他处于同一条"战线"上,你就惨了。

遇到"八卦专家"的同事,能躲则躲

职场上有些人喜欢讲是非、传八卦、中伤他人,往往让人防不胜防。虽然讲八卦、传八卦反映了人的天性,可以满足内心窥探别人隐私、评点他人短长的欲望,但八卦讲久了,很容易让自己陷入是非之地。

因此,最好少跟爱讲八卦的同事在一起聊天、交换信息。一来不让自己成为八卦转运站,二来也不会让个人的隐私传播出去。

有些时候,有些事情不仅不可以参与,甚至连知道都不行,应了一句话:知道得越多,离危险越近。

假如,有一天,你很不幸地传出了"绯闻",如果有同事散布你的是非,最好当面质问传话者,这样可以有效地扑灭流言和中伤:"听说,你说我什么……不知道是不是个误会?"一方面给对方解释的机会,另一方面,也为自己澄清事实。

对冷眼看世界、挑剔的同事,先考察他们的动机

有时我们会遇到苛刻的同事或上司,此时不妨先考察一下,挑剔背后的动机是什么?是他本身对自己、对工作的要求就很高,还是要借此来打压别人?

遇到要求高的领导,不妨欣然接受对方的批评和建议,视他为鞭策自己成长和进步的"贵人"。如果实在被对方逼得喘不过气来,也不妨适度表达一下自己的感受,例如:"你的标准真高,我们都达不到。"意思是提醒对方,别总是追求完美,求全责备。

但如果"冷眼看世界"者"暗藏杀机",千万不要妥协,别被他打倒了。

著名心理学家戴尔·卡耐基说:"批评往往是掩饰的赞美。"因为你已经引起别人的嫉妒和眼红,是非难免随之而来。但是,尽量不要把同事视为竞争者或敌人,要知道,那些大脑里没有共赢概念、只想自己掌控一切的人,是无法在职场中长期生存的。

最后,要多增强自己的调适能力和工作上的自信心,在工作之外找到其他平衡的窗口宣泄情绪,例如选择固定的健身项目,培养自己的兴趣。此外,也可以积极建立工作上的支持系统,找积极乐观的同事为你打气。同时,还要注意加强自己的信念,培养对事对人的观察能力,养成不畏逆境的

心态。

　　在职场之中,要能够根据对象的不同及时调整策略,以达到从容应对,和谐相处,保证工作的顺利进行,所以,学会应对不同风格的同事,也是职场中人要修炼的技能之一。

第四章　摸清同事心理,职场中结成攻守同盟

009 谨防见不得天日的"小纸条"

"小纸条"又称"小报告",是指一种不正当的举报行为,或是内容不正当,或是动机不正当,或是手段不正当,或是几者兼而有之。

"小报告"随着中国有历史以来,已经以颇多的篇幅出现在各种古典文集中,不过古书中还没有这个名称,人们一般习惯称之为"进谗言"。所谓"谗"就是说别人的坏话。之所以称"进",大抵因为要说别人坏话,当然有一定的目的,为了实现这个不可告人的目的,谗言就要讲给足以影响被谗者命运的人听,这种人一般不是官高便是位尊。把谗言讲给这些地位高的人听,所以称之为"进"。

不幸的是,官场中被人痛恨的谗言出现在了职场之中,而且以其"连绵不绝之势"得以发展。

在职场中,"小报告"都是打给上司听的,如果上司是一个实事求是的人,这种"小报告"也起不到多大作用。但如果上司是一个黑白不辨、易听信他人的人,"小报告"就会对被诬陷者构成威胁。

然而,在维护本公司的利益的前提下,大多数的上司都具备很强的怀疑精神,也就是患有严重的疑心病。对于你的工作成绩,他可能睁只眼闭只眼,但是对于关乎你的小报告,如果传到上司的耳朵里,上司会对此拥有超强的记忆力,不要问为什么,没有原因。

在职场中,难免会与别人有利益冲突,甚至有得罪他人之处,如果你得罪的是小人,就必须要提防他在上司面前传递一些"小纸条"。

如果有关你的"小纸条"出现在上司的耳朵中或者手中,怎么办?

一、先发制人

一般而言,那些散布"小报告"状子的人,为了使自己编造的"小报告"发挥陷害人的功效,总是要研究人们的心理。这些人在陷害人的实践中,也逐渐"摸索"到这样一个规律,即:从总体来说,人们往往对第一印象来得深刻,一经形成,常常会积淀为一种思维上的定式。比如说,上司对自己的下属张三并没有什么特别的印象,既没有好感,也没有恶感。如果在这时,有人对他说张三其人是如何居心叵测、吃里爬外等,那么,上司即使是对于该人的话并不言听计从,可是,在内心深处却着实地对张三的人品如何打了个大大的问号,心理上也对其呈现出恶感的苗头。乃至张三自己或者另外的人再为之辩白,说那些攻击张三品行的话语纯系无中生有,颠倒黑白,这时,已经大大落后了。因为,这些观点同前面形成的第一印象发生了冲突,所以,很难入脑。除非这个后来的印象特别强烈,或是不断地进行多次重复,才有可能改变或是冲淡先前的第一印象。这就好比是一张白纸,第一笔画上去总是清清楚楚,若要在画过的纸上另画一幅,那么,所耗的力气则不知要大多少倍,而且原先纸上已形成的影像也很难完全彻底地消除。

那些善于制造"小报告"的人正是抓住人们的思维和心理上的这一特点,想方设法地做到捷足先登,先发制人。而被暗箭伤害的人往往由于疏于防范,棋输后手,所以,大多处于辩诬的不利地位,有些人甚至连辩诬的机会都不可得,白白地被人坑了一下。

先发制人固然厉害,但是,如果是有可能被诬陷的人事先采取措施,积极进行自我保护,或者是一闻风吹草动,就积极行动起来,自己抢夺了先手,局势完全可以进行改观。

所以,对于防范和反击"小报告"的每个人来说,要做到克敌制胜,就不能总是"棋行后手",也应该积极地行动起来,在那些打"小报告"的人下手之前,抢夺先机,从而击败流言飞语对自己的造谣和诬蔑。

二、针锋相对

采取"针锋相对"的对策防范和反击"小报告"最为关键之处是选准目

标，并且针对滋事生非的奸人的逆行，采取公开论战的方法，对其所散播的流言飞语进行大胆揭露和坚决批驳，贬斥其所做的这种卑劣行为。这就要求：

首先，主动出击，把所发生的事情的原委详细客观地公布给大家，使人们对此都有一定知晓。

其次，与打"小报告"的奸人进行公然论战，把客观事实与那些偷偷摸摸上报的"小纸条"以及背后的各种不实之词等都摆到桌面上来。

再次，帮助和引导人们把正确的客观事实与"小纸条"相互对比、推敲，进行参照。

这样一来，那些所谓某些人所提供的"材料"、"报告"、"证明"和"肺腑之言"等等的真假虚实也就昭然若揭了。

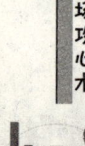

三、利用第三者

利用第三者来对付小报告，可以给人们一种真实可靠的印象。

如果没有比较睿智的旁观者勇敢地介入，那些"小纸条"是很难被拆穿的。

四、不给小人以把柄

奸佞之人打"小报告"诬陷他人，总是想方设法抓住被侵害者身上的一点把柄，然后无限夸大，使劲攻击，这不仅是那些喜好挑拨离间、搬弄是非之辈的做法，一切坑人害命的奸邪小人都如此。

俗话说：身正不怕影子歪。如果为人办事都做到实事求是，口说老实话，身行老实事，襟怀坦荡，正直无私，做一个值得信赖、值得重用的人，那么，奸佞之人就不敢有非分之心，谗佞之徒也难以打"小报告"诬陷害人，因而，也就远离了一切罪恶之源，避免了祸患的发生。

职场之中，预防"小纸条"最好的方法，就是防患于未然。应该学会"近君子，远小人"，小人千万不可得罪，因为其心胸狭窄，报复心强。如果必须与小人交往，就要注意，对其要加倍小心，给予更多的关怀和好处，表面上尊重他，让他对你无从挑剔，自然就能避免很多麻烦。

第五章
正确管理，让下属尽心尽责

001 笼络下属，先从尊重他们开始

古语云："敬人者，人恒敬之。"一个人要得到下级的拥护和支持，就必须尊重自己的下级。

被尊重是一个人的基本需求，职场中，领导往往被鲜花与掌声包围，时间长了，容易滋生出骄傲的心态，就可能丧失掉原有的自我，一种唯我的心态油然而生。有些领导，甚至对下属颐指气使，随意责备。

职场中，人与人之间是由于利益结成的联系，并没有地位、尊卑之分，领导者需要自尊，下属同样需要。领导者要赢得威信，就不能高高在上，必须懂得对下属的尊重，要和下属和睦相处，取得了解与信任。往往一位成功的管理者所发挥的管理功能更多的是来源于个人影响力和人格的魅力。

领导尊重下属，一方面要尊重下属的创新精神，理解下属的良好愿望，关心下属的职业能力；另一方面，对于下属认识上的偏见，思想上的偏差，做法上的偏颇，要认真给予纠正和指导。

张亮作为业务部主管，他所在的部门接到了公司赠送的十张旅游券，可是部门里却有十一个人，怎么办？

张亮作为业务部主管，认为不管怎么样，自己都应该得到一张，随即自己拿了一张，其余的九张都发下去了。

显然有一个人没有得到券，张亮没有觉得有什么，但是那位下属倍感

打击,对张亮产生了憎恨的心理。在留守上班的日子里,他故意把几笔生意给推了。且不说这位下属的做法是不是过激,但张亮却犯了错误,他应该去补一张券,或者自己不去旅游,或者对留下的员工进行解释,让他下次优先享受"好处"。

职场中,不管是职位多高的领导,都不应该以"领导者"自居,要放下架子,以平等友好坦诚直率的态度与下属相处。不要做表里不一、心口不一的人。要关心下属,经常了解下属的生活情况、思想情绪、工作中的困难,竭力帮助下属解决生活工作中的困难,解除思想上的烦恼。

没有谁一开始就能够成为人才,人才需要培养。任何一个职场能手都需要一个磨合锻炼的过程,如果在磨合锻炼的过程中,领导因新手的差错而责骂训斥,不仅伤害了下属的自尊,同时也打击了下属工作的主动性和积极性。所以,作为领导一定要学会尊重下属,营造和谐、友好、积极、向上的工作氛围。

尊重是一门艺术,也是一种涵养。下属尊重领导是常识,领导尊重下属是风度。其实作为领导能真正学会尊重下属并非易事。

作为职场中的领导人物,首先要对下属有个正确的了解和认识。人,不是机器零件,不可能千人一面。作为领导,应该有胸怀、有气度去接纳和尊重差异。有些下属可能工作做得不够好,这并非下属故意让领导难堪,主要是由于下属的资质、悟性等不同而已。这就需要领导耐心调教,切忌在公开场合妄下断言,呵斥打击。因为尊重是相互的,下属也需要领导的尊重。

人由于个性不同,生活环境不同,思维方式也不同,领导不可能让每一个下属都像某标兵一样优秀,而要学会尊重包容下属。要"一碗水端平",就好比上面讲的,张亮就没有一碗水端平,他可以用很多恰到好处的办法处理那件事,但他没有,以为自己是主管,有权分配利益。

另外,除了尊重下属的优点,还要包容下属的不足。领导对下属尊重,需要在工作、生活等多方面体现出来。

对下属一视同仁,公平合理,是领导者处理与下属关系的又一重要原则,也是赢得下属信任的重中之重。你的下级发现你能公平公正地对待他,他定会心情舒畅,干起活儿来,也必是斗志昂扬,一句话:肯卖命。

如果领导偏心眼儿,可想而知,偏向的一方,获得好处,似无怨言。但另一方则是怨声载道,旁观的第三者,也会站在这一方。那么你会众叛亲离,而你偏袒的一方,也会因此与别人"格格不入"。

因此,职场中,领导在工作问题上,应该是一律公平,工作上一样支持,一样看待。不要戴着"有色眼镜"看人,不能因人而异,"看菜下饭"。

002 拉拢法则，记住下属的名字

进入职场之后，每个人都会无缘无故成了'小'字辈，小王、小张等，当然，这样称呼简单、方便，而且容易记住。一个人的名字真的有那么难记吗？

卡耐基曾经说过：一种既简单但又最重要的增加亲密感的方法，就是牢记住别人的姓名，并且在下一次见面时喊出他的姓名。

在职场中，人们经常习惯称呼你为"小王"、"小张"，如果某一天，突然有人喊出你的名字，会立刻有一种不一样的感觉？这种感觉是一种亲切感。

职场中，姓名是一个人的标志，人们出于自尊，总是对名字有特殊的喜好，同时也希望别人能尊重它，当然，也包括领导。

松下幸之助是日本著名跨国公司"松下电器"的创始人，被人称为"经营之神"。

有人问及他成功的秘诀时，松下幸之助说："我能记住5000人的姓名"。

这绝不是神话，这是真的。正是这种能力帮助帮助松下幸之助克服经济危机的重重难关，最后成为日本乃至世界著名的企业家。

在松下幸之助担任松下集团首席执行官时，他给自己规定必须记住下属子公司，甚至一个普通员工的名字。非常简单，无论公司里面的员工是谁，他都要弄清这人的全名，询问有关他家庭、职务和他的政治观点等状况。松下幸之助把所有这些情况都装在脑子里，当遇到下属的时候，下属向他问好，他会能拍着这个人的肩膀，问他家庭和孩子的情况。

如此简单的情况，让很多的下属非常感动。

职场中，如果你能记住某个下属的名字，并在过后再见面时能不费劲地叫出他的名字，这就是对他的一个小小的奖励。但是，如果你忘了或记不准了，产生的效果就不再是奖励了，而是尴尬。

作为管理者，可能会说，整天业务缠身，哪里有时间去记住下属的名字。管理者努力为自己辩解，说没时间。然而，忙不过美国总统富兰克林·罗斯福吧，工作繁重的他还找时间记住与他打交道的机械师的名字。

职场中，希望领导重视自己的心理一直在驱使着每个人，每个人都希望领导记住自己的名字，特别在乎的是自己的上级或管理者是否知道自己的名字。对于一个领导来说，能够记住自己下属的名字、籍贯，其意义远远不在于表明他记忆力好，而且在一定程度上体现了他对下属的重视程度。记住了别人的名字，就应该在见面时打招呼，或在分派工作时把别人的名字给叫出来。

"嗨，是你啊!"用这种方式称呼别人的情况常常出乎意外的多。可是你要知道你在和你的下属谈话时，别人可能对你敬而远之。但你可不能这样，你应该率先直呼你下属的名字，而且一个人的名字可以是全部谈话的最主要的内容。

当然，在一个公司中，员工众多，要想短时间记住上百或几百个人的名字是困难的，但和你有直接工作关系的部门和主要得力干将的名字你不可不记。

需要知道，记住这些人的名字并不比做成一件业务困难多少。如果一个老板连周围员工的名字都不想记住，别人也不会以公司的主人公自居。相反，你对平时接触很少的下属也能叫出他的名字，试想一下，那会起到什么样的效果。这个员工一直会说："领导居然还记着我的名字"，甚至会引以为傲。

这种效果在美国总统富兰克林那里有过深刻的体现，他能准确地叫出他在白宫时花匠和清洁工的名字。卸任多年后他回到白宫去,仍能大声直呼其名,和他们打招呼,让他们感动得热泪盈眶。

一位高级饭店经理能够叫出锅炉工、清洁工或者厨师的名字并不是难事,但效果往往出人意料。能够叫出下属的姓名,这会使被招呼者感觉到在老板眼里他是占有一定地位的,而且还是一个重要的人物。起码说明你看得见他,你应该能估计到这对别人会是多么大的鼓舞。他可能回去正在一遍一遍地重复回味你叫他名字时的表情,浪漫一点的人甚至会不自觉地给你加一点玫瑰色的幻想色彩,使你高大如山。这就是一个聪明的管理者不厌其烦地默记他下属名字的结果。

职场中,获得下属的拥护,直呼其名是一种最简单、最明显,而又是最重要的获得好感的方法。同样是称呼,远比那些"小王""小张"等小字辈的称呼效果要好很多。

职场中,需要记住:记住对方的姓名,使别人感到自己很重要。

003 权威心理，领导不能没架子

职场中，提起上司，多数人在心中已经给上司打上了一个定格：高傲自大，装腔作势，爱摆架子。

一般而言，职场领导和员工是平等的，因为职员在接过领导授予的饭碗的同时，也在为领导卖力，双方是一种雇佣的契约关系，地位是平等的。

地位平等只是一种说法，具体的实践中是这样的：端谁的碗，归谁管。这就注定了在公司之内，领导与下属之间的关系，绝对不是平等的，而是上与下的关系。这就要求领导在对下属下达命令时，不可忽略自己的立场。

如何正视自己作为领导的立场，首要的是不能没有架子。

领导"有架子"，绝不仅仅是一种消极，负面的东西。"有架子"实际有着积极而微妙的意义，也是领导管理下属的一个十分有效的艺术性方法。

什么时候领导的"架子"，可以从以下几个方面来论述：

首先，"架子"是一种距离感，领导要通过有意识的与下属保持一定的距离，让下属认识到职场的等级存在，感受到领导支配权利时的距离感和权威感。这种权威对于领导巩固自己的地位，推行自己的政策和主张是非常必要的。

试想一下，假如领导过分随和不注意树立权威，下属就可以因为轻慢领导的权威而产生怠惰，拖延甚至是故意破坏。所以领导通过摆架子，显示自己的权力,有效使用权力,履行职责是无可非议的。摆架子给领导带来的威严感,会给下属一个随时行使权力来达到目的和形成领导威慑力的印象。让下属感觉到,服从可能是最好的选择,不服从会对自己造成不利。领导不惜余力的保护、运用,扩大自己的权利就是领导事业成功的基础。

其次,领导毕竟是领导,如果一眼就能被下属看透,这样的领导根本没有资格当领导,这就需要领导通过摆架子,从而使自己产生神秘感。很多下属都有这样的感触,有架子的领导仿佛是云雾缭绕,看上去高深莫测,难以琢磨,其实这种效果正是领导努力追求的,因为领导始终是处在各种利益和各种矛盾的焦点上。要想实现自己的目的,就要懂得掩藏自己。让自己的心机不被窥破,如果下属很容易就揣摩到领导的心思,就很可能利用这点来达到自己的某一个目的,达到破坏领导意图的目的。

领导不暴露自己是最好的办法,增加与下属的距离感,减少接触,让自己保持一种神秘感。这也是领导必须有架子的一个原因,不仅仅是要炫耀自己,也是为了采取有效的防范措施。

再次,距离不仅仅给领导带来了心中的安全感,并且还可以让领导在处理人际关系及公务上提供了一个回旋的余地,领导靠这种距离感的调整来实现自己的目的。

在不同的场合,摆不同的架子,就会形成不同人际关系距离,领导可以随时根据自己的需要来调节这种距离,把不同人的积极性和进取心调动出来。

但是,"仁有余,威不足"的领导作风,就不能达到这样的效果,也不利于处理棘手的问题。

领导可以利用这种不容易轻易接近的架子,来逃避琐碎小事情的困扰,把更多的经历用在谋划大政上,同时因为没有距离会对下面造成一种错觉,认为这样的领导好说话,可以随时让他帮助我解决一个什么问题,但是在实际解决中,如果解决可能满心喜欢,不解决就会产生积怨,所以应该让下面感觉到领导亲疏有别,拒之门外也是为了产生距离感。赢得处理棘手问题和重要公务时间,达到处理重要公务的目的。

另外,人应该讲究仪表风度,领导亦是如此,架子会增加领导的气势和威严感,很好贯彻自己的施政方针。领导有架子显示的不仅仅是自己的魅力,领导还代表一个集体,一个企业,一个部门,乃至一个国家的魅力和形象。

再者,摆架子会使领导产生满足感:无论是谁,都是现实中人,都有实现自己人生价值的愿望。不同的人价值观不同,实现价值的程度也不同,但是中国人通过获取权利和利用权利,来实现自己的人生和社会价值,一向是中国人的一个重要衡量标准。

毫无疑问,领导也需要人生价值的满足感,有时候还会因此而沾沾自喜,或者洋洋得意,不自觉的表现为某种架子,可以说这种心态在我们国家,我们的周围还是相当的普遍。满足感不仅仅是领导的需要,每个人都同样需要。

架子的妙用很多很多,但能够从理论上深刻阐述和实践中加以娴熟运用的则非领导们莫属。用门面装点起来的人,绝不是虚假的人,领导要让部下具有信心,必须维护自己的权威,最重要的是没有神秘就不可能有威信,一个人让别人太熟悉了就会产生轻蔑之感。没有威信就没有权威,不与人保持距离就不会有威信,架子绝非一个简单的道德问题,包含着领导艺术的奥秘,更有心理学上的微妙含义,所以褒义的理解领导摆架子的原因和必要性,是非常重要的。

当然,目前很多的领导也在用摆架子掩盖自己的堕落腐化,贪污腐败,以及背后权钱黑色交易。这也是一个普遍现象,还有好多的领导因为缺乏水平去摆臭架子,掩盖自己的无能,或者通过摆架子来鱼肉下属,那是另一个领域的讨论,在这里就暂时不去褒贬了。

004 隐私心理,不要随便揭露下属的隐私

生活中,一个人总有些纯属于个人私事的东西,这些隐私知道的范围不能太广,有的就只有在自己和少数人之间流传,有的甚至只有"天知,地知,我知,你不知"的地步,隐私就是隐私。

职场之中,我们不要知道太多上司的隐私,知道得越多处境也就越危险。同样,由于职责和工作的需要,上司对下属的情况通常有较多的了解,有时候下属出于对上司的信任,向他们反映一些个人问题,说心里话,甚至个人隐私和盘托出,希望上司能够帮忙出主意,想办法,帮助自己解决问题。

遇到这种情况,上司就需要注意了。职场中,作为下属要对上司的隐私闭口不提,同样,作为上司,在掌握下属的隐私时,也就负有保密的义务。然而,有些上司对这个问题却并未引起自己的重视,而是有意或者无意地泄露下属的隐私,损害了下属的声誉,当然,下属也会迁怒于你。

技术部门新聘请了一位技术员,由于对公司的文化和环境不适应,思想非常不稳定,部门经理作为部门的领导,就经常做他的思想工作。新来的技术员见上司对自己很关心,就把他当成朋友,无话不说,把对公司的看法以及建议提出来,并希望上司为自己保密,上司当时就答应了。

这件事过去了一段时间,有一次,这位部门经理给新来的员工进行培

训时,谈到思想不定的问题时,上司一时间忘记保密约定,便以那位技术员为例,将他的秘密说出去了。

碰巧此事传到了这位技术员的耳朵里,这位技术员非常恼火,无奈,碍于上司的面子,只能强忍着。后来,这个上司也意识到自己失言了,也感觉到很抱歉,结果搞得很被动。

职场中,对下属的隐私不管是有意泄露还是无意泄露,后果都是一样的。下属不会因为你是有意还是无意而轻易原谅你。因此,在隐私这个问题上,一定要管好自己的嘴巴,千万马虎不得。

对于下属的隐私,上司都应该给予重视,像重视商业秘密一样,保护员工的个人隐私,充分尊重员工的隐私权利。这不仅是减少和避免纠纷的需要,也关系到是否伤害下属的积极性和自己的形象问题。

尊重和保护员工的个人隐私不是件小事,上司需要特别注意。

尊重员工的隐私,还需要做到以下几个方面:

一、不要向其他下属打探某人的情况

职场中,出于管理者的一种心理,想知道下属更多的情况,有些上司会选择从别的下属那里进行打听,或者旁侧敲击,以期得到更多的消息。这种方法是最糟糕的,不管你是出于什么居心,这种做法可能会让这两个员工,甚至更多的员工对你产生不好的印象,同时会搞僵办公室的气氛。

二、在公众场合不要谈论下属隐私

职场中,由于上司的特殊地位以及所处的环境,泄漏下属的隐私大多数并不是有意的,往往是上司一时疏忽,没有考虑到场合环境因素而说走了嘴,使下属的隐私曝光。比如,有些上司以为自己身边的工作人员可靠,因而说话过于随便;或在某些社交场合,情绪激动而信口开河,把不该说的话捅了出去。在造成不良后果前,这些都是需要避免的。对下属的隐私,要闭口不谈,这是对下属的尊重,也是对自己的尊重。

三、在家人面前不要谈及员工的隐私

上司在职场中一般压力会比较大,在家里是一个比较放松的地方,在家里说话会比较随便,但是在家人面前不应谈及员工隐私的话题,以防家人当成趣闻轶事传出去。这是通过一种生活的途径传播出去,有的时候会更让下属难看。有的时候,隐私在传播的过程中,会发生很大程度上的失真,一般会呈现夸张化的趋势。至于是谁夸大的,传播者有口难言。

四、不要当众把隐私当成制服对方的武器

职场中,与下属发生矛盾,难以避免。当与下属发生矛盾时,上司要保持冷静的头脑,绝不要一时冲动就拿对方的隐私作为武器当众揭短,以图制服对方。这样做只会触动下属的底线,员工会因此受到羞辱而奋起自卫,损失的是上司,而不是员工。

五、当下属隐私涉及公司利益时也要以尊重为前提

保护商业秘密是每一个职场人士必备的基本素质,监视下属是一种谨慎使用的方法,要很好地解决这个问题,需要在尊重和保护员工隐私的前提下,在企业保护商业秘密和员工隐私之间找一个平衡点。

总之,对于上司来说,为下属保守隐私绝不是一个小问题,而是关乎一个人的基本素养问题,如果你不能把握这个原则,就会失去威信,失去下属的信赖。

005 树立威信，军令如山

职场之中，地位和知名度很高的人，他们的一举一动，必引起相当多的人关注。此谓船摇一尺，桅摆一丈。因此，具有高度社会地位的人，应该对自己的言行执有戒惧、审慎的态度，才能名符金口玉言之实。

职场命令，一言既出，驷马难追。

古人强调，圣人接触别人，小心言行，不为防人，只为防口。

按照圣人的理解，人类的舌头是柔软而且没有规则可循的，然而人与人之间的交往过程，舌头的作用可当得半个人。

身处高位的人，一咳嗽一眨眼都会引起众人注意。

1992年，老布什总统访问日本，这件事轰动世界。然而当时的一件事，同样震惊世界，在东京出席国宴的过程中，老布什席间突然感觉到身体不适，没等他起身冲进厕所，腹中的污物已脱口而出，喷到时任日本首相宫泽喜一身上，这件事立刻影响到华尔街股市价格的大波动。

鉴于此，领导人物时时注意自己的言行非常必要，那些轻视这个道理与原则的人，肯定会不时引起群体舆论的攻击，因而遭受困扰。因为，地位愈高的人，他们在外的名声愈是属于整个社会。

古人云，君子一言既出，驷马难追，言必信，行必果。这是做人的学问，也是你处理好团队人际关系,树立自己的威信的关键。

不少领导者所做的最不可取的一件事就是爱许诺,可他们却又偏偏不珍惜这一诺千金的价值,在听觉上与视觉上满足了下属的希望之后,又留给了他们漫长的等待与终无音讯可循的结果。

诺言如同激素,最能激发人们的热情。试想你在头脑兴奋的状态下,许下了一个同样令人兴奋的诺言:若超额完成任务,大家月底将能够拿到10%的分红。这是怎样的一则好消息啊。情绪高亢的人们已无暇辨认它的真实性,想象力已穿过时空的隧道进入了月底分红的那一幕。

难以兑现的诺言比谣言更可怕。虽然,谣言会闹得满城风雨,沸沸扬扬,但人们很快就会明白事实的真假,但未实现的承诺骗取的是人们真心的付出。就像你让一个天真的孩子替你跑腿送一份急件,当孩子跑回来索要你的奖赏时,你已溜之大吉,那孩子可能会由此而学会收取定金的本领。一旦你的员工有了这样的心态,那你在团队中就是一个彻底的失败者,你的权威没有了,必要的信任也消逝了。

你的命令不是圣旨,但你的承诺却有着沉甸甸的分量。对于你不能实现的诺言,最好今天就让下属失望,而不要等到骗取了他们的积极性后的明天让他们更失望。

遵循尊重别人,戒言慎行的原则,成功一定会伴你而行。反之,则说不定。伟人们越是声望高时,越是谦虚地审度自己的言行。否则,声望也能走向反面,正所谓不积小善,无以成名;不积大恶,不会有灾;小恶多积,恶掩善焉。

006 领导的必杀技——耍滑头

美国维尔康国际集团首席执行官伊萨克·佩尔穆特曾经这样对他的助手说:"在不违背原则的情况下,对于无关紧要的事情,能避则避,尤其是一些麻烦的事情,以最简洁的方式去处理。"

身处职场的一些要人,总会遇到很多麻烦事,有些麻烦事是不可不为之,但是有些无关紧要的麻烦事,则是能避则避,能推则推,想要减少麻烦,将更多的精力投入到公司中去,需要学会耍耍滑头。

中国的文化要求做人以厚道为本,然而则是以精明为上。

对身居要职的领导,对于经常遇到的一些棘手的问题,或者自己不好亲自出面的事情,就要巧妙地将它们用"太极推手"推出去,余下精力去做别的重要的事情。

三国混战时期,曹操派兵攻打徐州,徐州守城陶谦向陈宫求救,陈宫应陶谦请求,带兵打败了曹操的侵犯。

在清扫战场时,陶谦望着一堆堆的尸体非常着急,当时正是处于炎热的夏季,尸体很快就会腐烂,如果处理下来,也将是一个非常浩大的工程。

陶谦向陈宫请求帮助,陈宫便派出了自己的心腹,让心腹处理。

心腹看了看,说:"将曹操的士兵的尸体留在这里,只是一堆烂肉,而且发出难闻的气味,不如将这些尸体送给曹操,让他们自己处理吧!"

陶谦说:"如果他们不接受这些尸体怎么办?"

陈宫的心腹说:"出兵打仗有三忌,一是被打败,二是士兵不能活着回来,三是送还尸体不肯接受。如果我们把尸体送还回去,曹操不肯接受的话,不仅会激起本国民众的怨愤,反而会危及曹操的帅位,同时,我们将战死的尸体送还给他们,还体现了我们的大度,一箭双雕的事情。因此我断定他们必定会接受。"

这些尸体让徐州处理,不仅费时而且费力,但是陈宫的心腹就推给了曹操,如果曹操接收他们战死的士兵的尸体,曹操就会在战败的基础上再受到更大的损失,因为他们需要耗费钱财来厚殓,如果曹操不愿意接收这些尸体,就会激起民怨。总之,无论如何,将尸体还给曹操不仅体现出徐州城的大度,还能对曹操再一次打击。

要滑头就必须学会推,推的意思就是善于推掉麻烦,在职场中,很多事情是自己不好出面的,这时候就需要学点"太极推手"的功夫,让一个合适的人出面帮你解决,自己不好说的可以找个人帮你说,遇到麻烦难缠的事情,可以推给别人解决。

不管什么时候,都不要给自己找麻烦,给自己惹麻烦。但是有的时候,有些麻烦事情会自动找上你,这个时候该怎么办?

李军伟就遇到了这样的一件事情:

李军伟自己创业,做起了物流,一个非常好的朋友找到他,让他帮忙给自己一个远房的亲戚在李军伟的一个同学的公司里找一件差事。这件事让李军伟左右为难:如果拒绝的话,就等于不给朋友面子,失去一个重要的朋友。如果要帮忙的话,只要李军伟一开口,老同学肯定会给他面子,让朋友的远房亲戚进他公司,而一旦以后出什么事情的话,双方都不好看。

这个时候,李军伟突然想到了"四两拨千斤"的技巧,来化解这件事。

过了几天,李军伟给这位朋友打了电话,说已经办妥了,并问朋友这位远房亲戚是不是园林专业毕业,朋友回答说不是。

李军伟说:"这次不好办了,他们公司现在的职位只缺少一个懂园林技术的,如果有美术基础当然是最好了,但是没有美术基础都不是问题,关键一定要懂一点园林技术,要不我再帮你问问,我肯定尽力而为。"

朋友对他的帮忙表示非常感谢。

李军伟用这个方法将这件麻烦事推了回去,让自己少了很多麻烦。同时也表明了自己已经尽力了,让这位朋友无话可说,只好另找别人。

遇到难办的事情,又不好直接拒绝,不妨先答应下来,但是答应的时候,不可将话说得太满,不然就很难有回头路了,这一点千万要注意,只要表明尽力为之就行。应承下来之后,再想办法将问题的皮球"踢"回去,以此来保全自己,使双方不伤情面,这就是办事精明的表现。

朋友是生意场上重要的伙伴,对于朋友的一些请求,如果对自己来说是个麻烦事,能推则推,尽量找个好的方式,既能表明自己已经尽力,同时还不至于开罪朋友。

007 激励机制,使用积极性的字眼

军队中,有这样一句话:兵熊熊一个,将熊熊一窝。这句话证明了一个领导者的重要性。

职场中,领导如何调动起下属的积极性,无异于使用积极性的字眼,让下属时刻保持着积极性。

经常选择使用积极性的字眼,最能振奋下属的情绪,反之,若是选择使用了消极的字眼,就必然很快地使下属自暴自弃。遗憾的是,很多领导碍于自己的威严,经常板起面孔,不愿意或者不留意所用的字眼,以致错失很多的机会。

因此,职场中,作为领导务必要重视使用字眼的重要性,这做起来并不难,只要你能聪明而用心地选择便行了。

毫无疑问,每个人都需要得到别人的认可,当一个人费心机干完一件事后,他希望至少有人对他说一句:"干的真不错!"

激励是指一切协助达到满足个人需要的欲望或动力,它包括过程、物质或态度。

在职场之中,激励员工是指管理人员通过一些刺激、推动或方法,协助员工达到公司及个人的预期目标。

在公司里,无论他们是基层员工还是中层管理人员,都希望自己的工

作能被肯定认可,谁也不愿意自己辛辛苦苦地忙了一天,却得不到领导的一点肯定。假如一个员工总是得不到肯定的话,那么他今后肯定会失去对工作的兴趣,失去对工作的主动性。如果领导了解了下属的这一心态的话,可以随时给员工必要的鼓励,达到激励员工士气,鼓舞人心的效果。

许多领导认为,称赞下属太多,下属可能因此变得骄傲自大,也会开始松懈,这是一种错误的观念,身为一位管理者,最重要的工作之一,就是成为一个为下属喝彩的领导人。

这个意思是说,一个管理者必须是第一个注意下属优秀表现的人,并且称赞他们。

同样,当下属呈上的是最好的工作内容,而你却视而不见,这样很容易让下属感慨,觉得何必这么辛苦工作、何必要求自己做这么多、做这么完美?

在这种消极的心理下,工作品质就会因此而渐渐下降。慢慢地,他们的工作表现必定也会变差。毫无疑问,任何人都是需要激励的,需要被别人承认的。因此,当员工费心思干完一件事后,你至少对他说句:"干得不错。"

在一家规模中等的公司,一个员工搞了一项发明,公司老总看过这个发明之后,立刻对这个员工说:"这是一个非常好的产品。"

首先对这个员工进行了物质奖励,同时鼓励员工继续钻研,将发明进行改良完善。同时,领导对这项发明进行了求证,经过公司的研发部门改良完善,决定将这项发明在公司里进行批量生产,投放市场。

几个月之后,这项发明取得了很好的效益。

作为员工从精神上得到了很大的鼓励,而且满足了自己"自我实现"的需求。

随后在公司的年终颁奖大会上,公司老总除了为这位员工颁发了奖金和证书外,还将其家人请到了会场,给其父母、爱人、孩子买了不同的礼物,这一举动令这位员工当场就感动得流下了眼泪。这位员工不仅得到了精神鼓励,而且还有物质奖励,可以设想他一定会为公司的发展而努力的。

同时公司的这项措施鼓励了很多公司的基层员工,他们知道了自己身处一个良性竞争的公司,必将会为了公司的发展尽自己的所能。

对于员工,不论他们的想法多么少,他们建议多么微不足道,领导只要发现,就要给予适当的鼓励,即使是简单的一句"谢谢",员工也能感到你对他的关心。听了这句话,员工的工作心态也会变得轻松多了。

每一个员工都希望别人对自己的成功和付出表示肯定和赞扬,达到自己的心理满足。作为领导要充分认识到这一点,这种方法不仅不用花费较大的心血和资金,还简单易行,起到的效果也比较理想。通过上面的例子可以看到,在为下属喝彩时,一定要让下属心里产生满足感。让下属知道自己得到了认可,受到了尊重,达到了自我实现的满足感。

008 两种心理，软硬兼施管理下属

职场之中，如何对待下属是一门很深的学问。

历史上，无论是统治一个国家的时代开创者，还是管理一个公司的总裁，抑或只是一个小组织的领导人，"恩威并济"的统治权术可谓是必学的良谋妙计。

施"恩"的目的在于建立自己的"招牌"；施"威"的用意在于提高自己的"威望"。"招牌"树立起来了，基础就牢实了，"威望"树立了，还怕有什么不能成功的吗？

历史上，和尚出身、以猛烈治国而出名的明太祖朱元璋，曾经这样告诫御史们：

做监察工作不能太苛刻，以使官吏百姓都能有一个宽松的环境。听话的，就给根萝卜尝尝；不听话的，就当头狠狠一棒。

恩威并重，实为妙不可言的高超管人技巧。

恩威并济成为历代君王所用的主要手段，其中的奥妙就在于时机与火候的把握。

战国时期的郑国重臣子产临死前对继位人儿子太叔说："当我死了，你来主持郑，一定要用猛烈的方法治理人民。火的形势猛烈，所以被烧死的人很少，水的形势柔弱，所以被淹死的人很多。你必须使用猛烈的方法，不要

让人民因为你的柔弱而淹死。"

由于子产对民性观察入微,他深知治民应该采用"猛如火"的硬手腕,而不该"柔若水"。如果事事放纵,该管不管,那么,善良守法的百姓就会被少数"害群之马"给害惨了。

孔子听说此事后,大为赞叹,说:"政策宽大,则人民轻慢,嘲笑修改关于用严厉的政策;政策太严厉,百姓又会受到残害。百姓受到残害,就实行宽大的政策,用宽大辅之严厉,用严厉辅之宽大,政事因此而得到平和。"

历史上很多管理都是采取软硬兼施并用的手段。软与硬,作为一种处世谋略,或者作为一种交际手段,什么样的事件可以忽略,什么样的事件必须谨记。从理论上讲,"恩",体现友善、修养、通情理;"威"则显示尊严、原则和力量。

就客观情况而言,在人们的交际活动中,"恩"与"威"的两手是相辅相成、密不可分的。如果有所偏倚,自己便要吃亏。也就是说,一个人如果太"软",则易给人弱者的印象,觉得你好欺负,于是经常受到别人行为、言语、态度的戏弄与不恭。

这种现象是普遍的,因为不可能指望人们修养都那么好,公正无欺地待人,而恰恰相反的是,更多的人总多少有点欺软怕硬的毛病。

因此,不能单方面"软"。当然,与人交际,也不可一味不转弯地"硬"。一个人太强,必然使人觉得他头上长角,浑身长刺,别人对他的态度是:"人狠了不逢,酒酽了不喝"。

同理,在职场之中,在管理下属的过程中,光有软的或硬的似乎都不妥,最高明的则是软硬结合,宽严相济。可以把领导者的发威视为"硬",而把领导者的"施恩"视为"软"。软硬兼施,双管齐下,因人因事而采取相应的措施。

鹿舞糕点公司是美国的一家日本企业,生产的高端糕点令全美国的美食家们馋涎欲滴。但是在10年前,它不过是波士顿的一家小面包房;如今,鹿舞已经构建了一个繁荣兴旺的全国性销售市场。

能够取得如此大的成就,除了归功于公司的实力,还需要从公司的管理制度说起。

日本鹿舞糕点公司从创建伊始,公司领导就把恩威并施、上下同心、合力完成各种目标定为自己的经营理念。

公司领导特里什是一位非常善于管理员工与激励员工的领导。按照他的经验,说:"白璧有瑕,再优秀的员工有时也会犯错误。你的责任就是帮他们纠正错误,重新踏上正确之路。"但是要纠正员工的错误,就需要找出正确的方法,招数只有一个:软硬兼施,恩威并重。

罗伯是公司的技术骨干,有一次由于工作疏忽,给公司造成了不少的损失,特里什狠狠地批评了他,并且严肃地警告他:下次要是再犯类似错误,就直接滚蛋。

罗伯在盛怒之下,威胁他辞职不干,但特里什没吃这一套。当天晚上,罗伯找到了几个朋友发泄心中的不满,几个人狂欢了半夜。第二天上班的时候,罗伯没有按时出现在工作岗位上,通过了解,特里什知道了他昨夜的事情。嘱咐秘书,带些醒酒药给罗伯,并要求秘书告诉他照顾好身体,以后不要再发生类似的事情了。

经过这件事之后,罗伯的抵触情绪也烟消云散,以后的工作再也没有出现过失误,两人的关系明显改善。

经过一段时间的考验,罗伯用行动证明特里什的管理方法是正确的,由于能力突出,不久之后,罗伯被提拔为烘烤部门经理,统管所有点心制作师和饼干制作师。

管理员工的过程之中,软硬兼施与恩威并重是一种非常重要的管理方法,用"软"体现出管理者人性化的一面,用"硬"体现出管理者威严的一面,用"恩"体现出管理者友善的一面,有"威"体现出管理者的管理手腕。

009 责任心理,不要太宽

职场中,有这样一种领导:什么事都要亲自过问,事无巨细。这样的领导是一种十分谨慎、负责任的领导,但是这种责任心太宽的领导会未必是一个合格的、称职的领导。

诸葛亮是历史上赫赫有名的人物,神算子,一人撑起一个偌大的蜀国,然而,诸葛亮却不是成功的领导者。

诸葛亮治理国家,事无巨细,亲自过问,哪怕是鸡毛蒜皮的小事也要亲自决断。这看上去很令人钦佩,但无意中却限制了人才的发展。结果诸葛亮死后,蜀国人才青黄不接,造成"蜀中无大将,廖化当先锋"的局面。

另外,诸葛亮的事必躬亲无形中压制了优秀员工,最著名的当数"魏延谋反"一事。不管论武功还是比谋略,魏延都是不亚于"五虎上将"的人选,但却始终得不到重视。正是由于诸葛亮长期的压制和猜忌,才造成了魏延的心理失衡,最终走上了毁灭之路。

领导事必躬亲,会制约了下属的自主能动性和潜能的发挥,因为原本属于下属分内的事,却被领导取而代之,下属就不需要去花费什么心思了,即便下属想要有其他的想法或者做法都无法实施,妨碍了下属的创新意识。

李静在一家规模不大的公司做业务员,本来是一个不错的发展起点,可是偏偏李静的上司是一个事必躬亲的人，业务上的每件事情都要他亲自过问，甚至连如何回答一些潜在客户的电话咨询也要亲自指导。出现了问题也总是亲自解决，结果让李静非常不高兴。

后来，公司的业绩出现了问题，上司总是批评他做事不力，还需要自己出面，李静有口难辩：明明是上司责任心太强，还埋怨自己。

一年下来，业务上没有什么成绩，原地踏步，还总是被上司责备，心情可想而知。

另外，事必躬亲必然会占用领导大量的时间和精力，不利于领导对组织的全局性工作深思熟虑，结果是抓了芝麻，丢了西瓜，而且自己也会疲惫不已。

有一个公司的部门经理，拥有极强的责任心理，不敢把工作放手交托给下属，即便交托给下属，也会叮嘱再三，才敢安心。尽管每天忙得晕头转向，团队业绩却不甚理想。

由于压力过大，他不得不看心理医生，心理医生听完他的倾诉之后，将他带到了一座公墓旁，指着那些公墓说：

"睡在这块墓地里的人，都是一些响当当的人物，在他们生前，都觉得很多事情离开了自己就不行。但是在他们长眠于此之后，这个世界还在正常的运转着，并没有变得糟糕，反而变得比以前更好了。"

这个部门经理瞬间醒悟。自此，他大胆地将任务交托给下属，自己只做一些决定方向的决断，工作变得轻松起来。有的时候，他还会选择出去旅游、度假。

一年之后，他的团队居然取得了非常好的成绩。

职场中，什么样的领导才是好领导呢？

在职场员工的心目中，领导的形象只是吃吃喝喝，沟通联系，提拔员工、辞退员工这几种业务，除却这几种业务之后，几乎对领导没有什么印象。

然而，事实上，能够做好这些基本的业务，就是一个优秀的领导，一个好领导。

一个好领导,不需要整天跟下属吃喝玩乐,也不需要什么事都包办代替,他只需要做到三件事情:选拔并奖励优秀的员工,使员工发挥他们的才干,并且在工作中能力有所提升;做好沟通,与客户、下属做好各个方面沟通联系,发展业务;及时辞退不称职的员工。

这三件事才是领导应该做的事情。

每天忙于一些小事情的领导不可能有出息,成功领导者的一个共同特点是,只考虑那些重大影响的问题,绝不会将时间浪费在应该由下属来干的工作上。

作为领导,如果来做下属应该做的事情,何必要坐上领导的职位,挂上领导的头衔呢?

职场中,下属需要他们的领导有能力,这是正常的。但是如果领导的能力妨碍了下属的能力发挥,并让他们感觉到因为你的存在而生不逢时,那他们就会选择离开。

010 过分殷勤的异性下属，认真对待

职场中，总有那么一部分人想走捷径，想通过一种不常见的方式来达到自己的目的，这种方式又称为攀高枝。

职场中的领导，在公司里万人之上的地位，手握员工的"生杀大权"，加上出色的能力，很容易受到异性的大献殷勤。

对待异性下属的过分殷勤，是一件令许多领导头疼的问题，然而又不得不面对。这是一个"敏感"的领域，在这里翻车的领导大有人在。

这种游走在危险边缘的事情往往"突然袭击"，对没有这方面经验的领导来说，虽然平时高高在上，一副"指点江山"的样子，但遇到这种事情手忙脚乱几乎是必然的。

对这种事情，领导早作打算是必须采取的措施。

高高在上的领导，对于对自己过分殷勤的异性员工，一定要准确判断，千万不可"过于敏感"，"自作多情"，认为是不是自己的魅力吸引了对方，又或者其他的方面。需要记住，职场上的关系只有利益关系，如果你想职场上与下属谈恋爱，你或许认错了场合。

自作多情一旦落空，会成为下属笑话的对象，对领导的声威自然是相当不利的。在这个问题上，领导该如何做呢？

有一个通吃的方法，就是领导需要"麻木"一些，用"麻木"的态度来对

付这种献殷勤的异性下属。

然后,等抓住异性员工的确切"把柄",再采取行动"一招制敌",当然这种"治敌"只是一种理性的治敌方法,毕竟身在职场,有些事情不能做得太绝。

同时,这里要求主管们不要真的"麻木",否则,乱了分寸,结果更是不堪设想。

对付献殷勤的下属,领导正确的做法是这样的:

一、讲究礼貌,莫伤人心

对于举动程度较轻的异性下属,态度不可强硬。多数情况下,他(她)也许是番好意,你若太古板了,岂不伤了人家好心。

面对殷勤的异性下属,不妨略带矜持地说一声"谢谢",要清楚地传递出你内心的意思:我是有理智的,你的殷勤不会有任何效果。

当然,要达到这种效果,说"谢谢"的方式也是应该讲究艺术的。说"谢谢"时必须要有诚意,发自内心,这样才不会感到是一种应酬的客套话,不要让她觉得你是"另有深意",那她们可能会变本加厉地殷勤。另外说"谢谢"时要认真、自然、直截了当,不要含糊地咕哝一声,更不要怕人知道你在道谢而不好意思。

二、委婉批评,扭转方向

对待比较严重的下属,批评是必不可少的,但批评的方式一定要仔细考虑,记住,最好的批评结果是把下属的心思扭转到做好你分配的工作中来。

职场中,尤其是秘书与领导之间,更容易传出绯闻,主要是因为秘书与领导待在一起的时间,比领导和自己的家属待在一起的时间还要多。有的秘书,对他(她)的异性领导十分体贴。本来,领导正在集中精力、全身心地投入到一份重要文件的处理中,可秘书却三番五次去干扰。他(她)以为是好意,要么去诉说几句对领导工作精神或效率的艳羡。对于这种秘书,你可以告诉他(她):"我看王秘书倒是很好!安安静静的。"

聪明的下属自然会心领神会你对他(她)的批评。既然你没能过分暴露自己的不满,又使下属能保住面子,维护了他(她)那点自尊,同时也令下属认识到了自己的错误,能使他积极主动地改正错误。这可谓是种"一箭双雕"的作法,你不妨试一试。

在批评时,你应该多从下属的角度考虑问题,真正体会下属的用心。要了解下属的殷勤"是为什么",这样才能对症下药,找出殷勤的动机,殷勤自然会消解,而且还会让下属感到你是一个善解人意的主管,从而更加忠心耿耿。

对于过分献殷勤的下属,领导应该明确指出这种行为对自己,对公司以及所有人的危害性。同时,领导需要委婉地给下属指出一条明路,鼓励对方用能力、学识、人格力量去赢得领导的赏识。

站在领导的角度考虑,想让异性员工在自己的面前行为检点,就要首先树立自己的形象,不要轻易与异性下属开玩笑,保持适当的距离,不怒而威,让异性下属在你的面前不敢率性而为,所谓"正气凛然,邪气不侵"正是这个意思。

当然,职场总有特殊的情况,如果你已经暗示了对方,但对方依旧是我行我素,这个时候,领导可以采取极端手段,避免这种事情的再次发生。

第六章
合作心理，职场中不要一个人走路

001 朋友是职场中最保险的存折

职场中想有一番作为,除了依靠能力、背景、胆识、机遇之外,还需要一个非常重要的助手,便是朋友。

同样,如果你没有知识、背景、胆识和机遇,也不必绝望。那么从现在开始,你必须马上开始锻炼自己的人脉力量,不断使自己的人脉关系网更广泛,更强大。

朋友本身就是一笔潜在的财富,一种无形的资产。创建有效、丰富的人脉关系,无疑就等于是拥有了制胜的法宝。

朋友是职场人士实现梦想最保险的存折。

这是一个属于团队的时代,一个人只有将自己放到团队中去,借助团队的力量,借助团队中所有成员的共同努力去达到彼此共同的目标。

在当前这个时代,没有人会再去仰羡孤胆英雄罗宾汉的惊人的事迹,取而代之的则是那些敢于、乐于并且善于站在巨人的肩膀上俯瞰世界的传奇经历,比如阿布,比如俞敏洪,比如马云,依靠朋友的帮助,成为举世瞩目的焦点。

因此,如何以自然的、诚恳的、互惠互利的方式去扩大自己的朋友圈子,必定是决定你能够成功的秘密武器。有了朋友的遮护,你能成为职场中的佼佼者——拥有朋友,才有力量去为下一步的梦想努力。

想在职场有一番作为,就要记住这句话:朋友即是钱脉。

美国前总统乔治·赫伯特·沃克·布什在回忆自己的成功历程时这样说过:"成功的第一要素是懂得如何搞好人际关系。"

励志大师安东尼·罗宾也说过这样的话:"人生最大的财富便是朋友关系,因为它能为你开启所需能力的每一道门,让你不断地成长,不断地贡献社会。"

曾经身经百战的投资专家、中国台湾所罗门美邦财务顾问董事长杜英宗说:"朋友,或者说人际关系,这是一门人生的大学问,非常重要。"

李嘉诚的次子,电讯盈科主席,兼东亚银行非执行董事李泽楷,他是利用朋友关系成就事业的典型人物,看看他的朋友关系。

在李泽楷的家中客厅里挂满了李泽楷与一些政界要人的合影,其中包括新加坡总理李光耀以及英国前首相撒切尔夫人。李泽楷善于结交上层人士,为自己广植朋友,这也为他在商界打拼奠定了坚实的基础。

1999年3月,李泽楷凭借着广泛的朋友资源,拿到了香港特区政府建设"数码港"的项目,由他的盈科集团投资独家兴建。此后,他再次利用了朋友这个宝贵的资源,一举收购了上市公司得信佳,同时将原来的盈科集团更名为"盈科数码动力"。由于"数码港"这个项目的刺激以及盈科的收购行动,使得李泽楷公司的股市市值由40亿港元一跃上升为600亿港元,成为了香港第十一大上市公司,而500多亿港元利润也使得朋友资源的回报率可见一斑了。2003年1月,李泽楷应邀出席了举办于瑞士达沃斯的世界经济论坛,这个顶尖的商界论坛让他有机会与索尼的董事长兼首席执行官出井伸之、微软的比尔·盖茨等杰出的企业家讨论商界沉浮,为他的个人形象又添上了锦绣的一笔。

更为重要的是,这个机会再一次增强了他的朋友力量,形成了朋友资源的良性循环。

可能有人会说,李泽楷的这一切都是因为其父亲在商界上的地位。

不可否认,前人栽树,后人乘凉,李泽楷的成功在一定程度上得益于自己的父亲,但是问题又出来了,李泽楷的父亲李嘉诚是如何成功的?不会李嘉诚的父亲也是一个富翁?

答案是否定的,李嘉诚的父亲只是一个校长,而且在李嘉诚很早的时候就去世了。

李嘉诚的成功出来依靠自己的努力与拼搏之外,在很大程度上也是依靠朋友的帮助。

在现代的社会中,一个人在社会中单打独斗的"找钱",并以此想成为富人的时代已经过去了,而且单打独斗是这个世界上最难干的活。

如果你渴望成功,渴望拥有优质的生活,那么,千万别忘了锻炼你财富的力量之源——朋友。拥有良好的朋友关系一,会是你获得成功的一条最简单的捷径了。或许你没有去过好莱坞,但是绝不会不知道在好莱坞最流行的一句话,就是:"成功,不在于你知道什么或做什么,而在于你认识谁"。

美国石油大王约翰·D·洛克菲勒也说过:"我愿意付出比天底下得到其他本领更大的代价来获取与人相处的本领。"因而,尽快地加强自己的朋友网络的稳定程度吧,相信你会拥有更多的财富!

不管你愿不愿意承认,"朋友法则"已经演绎成社会的法则。现在,越来越多的人认识到:在人脉关系取向的社会里,个人拥有的社会关系也是一种十分重要的权力。

别人要不要"做人情"给你,除了考虑自己的代价和你的回报之外,你拥有的关系网有多大,对自己有多大的影响力也是别人要考虑的问题。

在我们周围,到处是渴望成功的人,但是真正的成功者却总是屈指可数,难道这是命运的安排,还是因为他们都拥有高人一等的出身、显赫的社会地位、优越的家庭条件或是坚不可摧的信念?

其实,即使有了这样的外在条件,也不一定就能锻造出一位杰出的成功者的。

但凡成功者,都会有他们的一个共通之处,那就是他们都懂得时常地利用朋友力量来获得更多的财富。

想要成功,一定要有良好的朋友关系,朋友关系是职场中最保险的存折。

002 职场朋友越多越好

有一段话是这样说的:"人不是简单的两笔,站直了,撑起一片蓝天,站歪了,践踏一分土地,'朋友'的'朋'字也一样,两个人,两条平行线,永远相伴。"

朋友是用来相互支撑的,因为造物主知道我们每一个人都有自身的缺陷,有些事情是无法独自完成的,必须需要别人的帮助才能完成,这个人就是我们的朋友。

《笑傲江湖》中的笑傲江湖曲;千古绝唱,但却需要琴箫合奏,一个人是无法完成如此美妙的曲子的。

社会发展到今天,朋友的定义以及作用已经众所周知,结识更多的人,与众多的人成为朋友已经是一个成功人士不可或缺的品质。

一个人的个人能力与成功不可能画上等号,只有人脉关系优秀,且个人能力出众的人,才能成为真正成功的人。

职场之中,只有合作,只有团结,才有生路。朋友就是这样的一座桥梁,有了这座桥梁,我们就会通向成功。生活有朋友做伴,我们会锦上添花;事业有朋友支持,我们会如虎添翼。

在我们一生当中会遇到很多朋友,朋友不能以偏概全地说是何种朋友多,何种朋友少好,只能是根据具体情况而具体定义。

但是职场之中,朋友是越多越好,因为多一个朋友便会多一个机会,多一点消息。

吴兆骞是清朝一位有名的才子,有才气,个性狂放,但对朋友非常热情。

顺治丁酉年,他去应考举人,考中了。后来发现这一场考试大有弊端,于是皇帝命考中的举人们复试一次。他学问和才气都很好,本来不成问题,但由于复试时,患上感冒,大受影响,没有把文章写完,结果被怀疑考试作弊,判充军宁古塔。

他朋友顾贞观当时与他齐名,承诺必定全力营救。顾贞观经过多方打探,知道了吴兆骞被判充军的始末,但是苦于没有证据,虽然着急但也无补于事。

吴兆骞的另一个朋友听说了这件事,也立刻展开营救,请求一个作官的朋友,官员朋友将吴兆骞的案情上报朝廷,无奈官微言轻,没有受到重视。

吴兆骞的很多朋友都四处托人去为之洗冤,此时,一个在太傅纳兰明珠家当幕客的人听说了这件事,便通过关系请求当朝权贵纳兰明珠相救,并赠送两首诗词给他。

纳兰明珠见了这两首词后,不禁感动得流泪,他知道这事不容易办,但是也承诺一定会倾力相助。

借助纳兰明珠的势力,没有多久,吴兆骞就被释放了,重新恢复了自由。

职场朋友并非是可有可无,有,没有坏处,无,没有好处。

有的人一辈子就那么几个朋友,但都是两肋插刀的知心朋友;也有的人朋友无数,而一旦自己有难所谓的朋友都烟消云散了。

其实,这些都不是最好的做法,最好的做法是,既有有难同当有福同享的朋友,也不乏一些事业上的合作伙伴,尽管这些朋友只是因为利益关系而结成的,毕竟这对你的事业有所帮助。

朋友也有各种各样的,好朋友,坏朋友,普通朋友,知心朋友,酒肉朋友,难兄难弟等等,不一而足。你想得到怎样的朋友,那就取决于你对待朋友的态度和诚意了。你真心对待朋友,朋友也会真心对待你。真诚与虚伪,信任与怀疑,理解与尊重都是相互的,你付出什么就能得到什么。

朋友是一笔宝贵的资源,我们只有好好利用,才会得到回报。

职场朋友,尽管只是利益朋友,但是双方借助朋友关系实现自己的利益,这并不是一件坏事,所谓互惠互利,也是如此而已,无可厚非。

千金难买是朋友,朋友多了路好走,有了新朋友,勿忘老朋友。请好好珍惜你身边的每一个朋友。

但是,同时,需要记住,我们只是借助职场朋友的帮助,且不可对职场朋友产生依赖。

003 职场中,别将钱包捂得那么紧

不久前,一个名为《职场中最讨厌的十种人》的帖子在网上出现,很快就有很多人纷纷跟帖,帖子的内容是这样的:

1.探人隐私的人:在每个人的内心深处,都有着一块不希望被人侵犯的领地。可是有些人出于无知,或者出于猎奇,总是会四处打探别人的隐私,而且擅长传播是非。

2.过分吝啬的人:不管他有没有钱,总是小气吝啬又不肯付出,同事请吃饭,他大摇大摆前去,却从来不见他掏钱包。

3.大倒苦水的人:这种人总是不断地大诉苦水,接连地唉声叹气,使人听也不是,不听也不是。尽管让他唉声叹气的事情其实非常普通、并不那么凄惨,但唉声叹气者却将自己的境遇说得非常非常的严重。

……

在众多的跟帖者中,有一个跟帖是这样说的:探人隐私的人都可以原谅,虽然不能做些什么,但是却可以给你弄些小秘密,满足人的好奇心,但是小气的同事绝对不能接触,抠门、钱包捂得紧,宁愿不交朋友,也不交他们这种人。

可见,在职场中,如果一个人将金钱看得太重,随时随地将自己的钱包捂得紧紧的,这样的人即便能力再突出,也不会有什么大的成就。

职场中，有些人平时总是将自己的钱包捂得紧紧的，从来看不到他请别人吃饭，几个关系要好的人出去吃饭，也从来不见他买单，每当买单的时候，他都会以各种办法来逃脱。

这样的同事，你愿意与之交往吗？

有一个笑话是这样说的：

有一个小伙子，平时为人比较小气，无论任何事情都是斤斤计较，身边也没有什么朋友。

几年之后，小伙子有幸娶到了邻村的一个女子，两个人在一起生活得也比较和谐，但是有一天，小伙子突然宣布要和自己的妻子离婚，很多人都不理解，小伙子的父母更是不知何故。

亲戚邻居也都是纷纷询问，最后小伙子讲出了离婚的真实原因，小伙子说："她的嘴太大了，嘴唇太厚了。"

众人问道："离婚和嘴唇有什么关系？"

他回答说："嘴唇又厚又大多不好啊，多浪费口红啊。"

众人哄笑起来。

虽然仅仅是一个笑话，但是想来如此抠门的人，肯定是不会有什么作为的。

古今中外，凡事大有作为的人，都离不开一个重要的因素：人脉关系比较好。无论何时，都会有许多人慷慨解囊，出手相助。为什么这些人在关键的时候，会有那么多人助手相助？佛家有一句话说：善哉，头上三尺有神明，有因必有果，凡事皆有报，不是不报，时候未到。有人在自己困难的时候，向自己伸出援助之手，帮助自己渡过难关，也一定是因为自己曾经向别人伸出援手，所以才会出现后面的"果"。

刘腾出身农家，从小吃了很多苦，这渐渐养成了他小气的毛病，不管什么时候，花钱都要斤斤计较。尽管刘腾性格和蔼，对人真诚，但是却因为花钱这个方面比较抠门，在朋友圈子中的口碑一直都不怎么好。

有一次，刘腾接手一个大项目，如果这个项目能够成功的话，这将会给他个人带来很好的效益,但是前期的投资需要一笔不小的资金,刘腾想到了平时的好哥们,便请求好哥们的帮助,不想这些哥们听说之后,都找借口推拖,要么就是没有钱,要么就是说近期拿不出钱,帮不上忙。

刘腾冷静地想了一下,这都是因为平时比较抠门,一牵扯到钱的问题,刘腾是能避就避,能躲就躲,所以才造就了如今的场面。过后不久,刘腾就逐渐改变了自己的这种凡事计较的习惯,主动和他们交往,牵扯到钱的时候,刘腾也改变了态度。不久之后,又接手了一笔业务,刘腾借助几位朋友的帮助,顺利筹集到了资金,将业务顺利拿下。

职场与人相处的过程中,钱是一个非常敏感的话题,要想赢得朋友,不可能凡事都不计较,但是也不能过于抠门,将钱包捂得严严实实的,这样的人一定不会有什么大成就。

004 学会合作，找出最适合自己的那只"狈"

据《汉语大辞典》中介绍，狼和狈，是两种长相十分相似的野兽。同时，又是两种都喜欢偷吃猪、羊等家禽的野兽。它们唯一不同的是：狼的两条前脚长，两条后脚短；而狈却是两条前脚短，两条后脚长。这两种野兽，经常一起去偷猪、羊等家畜。

有一回，一只狼和一只狈共同来到一个羊圈外，看到羊圈中的羊又多又肥，馋得直流口水，就想偷吃。只是苦于羊圈的墙和门太高，狼和狈想了很多的办法，都不能爬去。

这个时候，狼就想了一个办法，先由狼骑到狈的脖子上，然后狈站起来，把狼抬高，再由狼越过羊圈把羊偷出来。商量过后，狈就蹲下身来，狼爬到狈的身上。然后，狈用前脚抓住羊圈的门，慢慢伸直身子。狈伸直身子后，狼将脚抓住羊圈的门，慢慢伸直身子，把两只长长的前脚伸进羊圈，把羊圈中的羊偷了出来。

尝到了合作偷羊的甜头，于是，狼和狈经常合伙干这种勾当。这就是"狼狈为奸"的由来。

后来，人们就根据这种现象总结了"狼狈为奸"这个成语，用来形容那些相互勾结干坏事的人。成语的来源基本上是耳熟能详，但是其中蕴含的道理却是十分深刻的。作为两个不同种类的动物，它们为了一个共同的目标，走到了一起，并且开始学会了合作的技巧，懂得了取长补短，相互利用

自己的优势资源进行对本身的自我缺陷的弥补,这是对自身猎物的本领的提高和对自己的生命负责的真实态度。

像狼和狈这样,取长补短,互相利用彼此的优势,实现双赢,也正是职场中人一直在追求的合作的最高境界。

对身处职场的人而言,一个人的职场无论发展到什么程度,或者不管一个人的能力有多么强大,总会存在一些大大小小的不足,如果能弥补自己的缺陷与同事或上司合作的话,也许这些问题就能迎刃而解。

在现代凭借能力混迹的职场之中,很多人不愿意与同事合作,然而,职场中很多事情只有同事之间互相合作才能做成,不合作,他不能得,你也不能得。

然而,如果双方能化为狼、狈,两种拥有共同目标的同行人,尽管同行是冤家,如果能够互相帮助,实现共同的利益,冤家又何妨?

美国加利福尼亚大家副教授查尔斯·卡费尔德对美国1500名取得了杰出成就的人物进行了调查和研究,发现这些有杰出成就者有一些共同的特点,其中之一就是与自己竞争而不是与他人竞争。他们更注意的是如何提高自己的能力,而不是考虑怎样击败竞争者。事实上,对竞争者的能力(可能是优势)的担心,往往导致自己击败自己。多数成就优秀者关心的是按照他们自己的标准尽力工作,如果他们的眼睛只盯着竞争者,那就不一定取得好成绩。

帮助同事就是强大自己,帮助同事也就是帮助自己,同事得到的并非是你失去的。在一些人的固有的思维模式中,一直认为要帮助同事自己就要有所牺牲:同事得到了自己就一定会失去。比如你帮助同事担了东西,你就可能消耗了自己的体力,耽误了自己的时间。

其实,很多时候帮助同事并不就意味着自己吃亏。

下面这个故事就生动地阐释了这个道理:

有一个人被带去观赏天堂和地狱,以便比较之后能聪明地选择他的归宿。他先去看了魔鬼掌管的地狱。第一眼看去令人十分吃惊,因为所有的人都坐在酒桌旁,桌上摆满了各种佳肴,包括肉、水果、蔬菜。

然而,当他仔细看那些人时,他发现没有一张笑脸,也没有伴随盛宴的音乐或狂欢的迹象。坐在桌子旁边的人看起来沉闷,无精打采采,而且皮包骨。这个人发现每人的左臂都捆着一把叉,右臂捆着一把刀,刀和叉都有4尺长的把手,使它不能用来吃。所以即使每一样食品都在他们手边,结果还是吃不到,一直在挨饿。

然后他又去天堂,景象完全一样:同样的食物、刀、叉与那些4尺长的把手,然而,天堂里的居民却都在唱歌、欢笑。这位参观者困惑了一下子。他怀疑为什么情况相同,结果却如此不同。在地狱的人都挨饿,而且可怜,可是在天堂的人吃得很好,而且很快乐。最后,他终于看到了答案:地狱里每一个人都试图喂自己,可是一刀一叉以及4尺长的把手根本不可能吃到东西;天堂的每一个人都是喂对面的人,而且也被对方的人所喂,因为互相帮助,结果帮助了自己。

这个启示很明白。如果你帮助同事获得他们需要的东西,你也因此而得到想要的东西,而且你帮助的人越多,你得到的也越多。

你在职场中的成功,取决于你与同事合作得如何,学习狼狈的合作境界,让存在竞争的同事之间为了共同的目标而合作。

005 职场合作，没有理所当然的事情

职场中，同事互相合作，互帮互助，这并不是理所当然的事情。

有一个书生进京赶考，途中遇到一条水流湍急的小河，书生不会游泳，左看右看附近又没有桥，顿时束手无策，只能干巴巴地站在那里。正在这时，有一个住在附近的老农看到书生需要帮助，就走了过来，主动提出要帮助书生过河，书生很高兴，心想等过了河之后一定要好好感谢这位善良的老农。老农很爽快地把他背到背上，送到对岸。到了岸边，书生想给老农钱，可老农摆摆手走了，他站在河边感觉非常过意不去。

但正当他这样想时，那位老农又回到了对岸，继续把不敢或不能过河的人送了过来。于是，他走到老农的身边说："现在我已经不再感激你了。根据我的观察，你有帮助任何人渡河的癖好。"

老农听完之后，并没有说话，只是微微地笑了一下。

一个月之后，书生考试回来，虽然没有中状元，但是也中了第七名，也能谋个一官半职，非常高兴，便提前回家报喜。途中又经过了那条河，便等在那里等待老农过来驼他过河，可是他等了很久，都没有看到老农，便主动走过去，和老农打招呼。

"我想过河。"书生说，

"河就在你面前，想过就过呀。河又不是我挖的，我不收银子。"老农站

在那里悠闲着抽着烟袋。

"你不是很喜欢背别人过河吗？这次为什么不愿意帮助我过河呢？"书生疑惑地问道。

"我很喜欢帮助别人过河,但是我不希望别人把我的帮助视为必然。"

这位书生犯了一个错误,将老农的乐于助人当成了理所当然,将老农背自己过河视为理所当然,当然会让老农非常生气。

这个世界上没有理所当然的事情。

职场中,我们不应该将很多事情看成理所当然,比如,有同事帮助你,你应存感谢之心,并且期勉自己也能够成为帮助别人的人。否则,以后就再也不会有你认为理所当然的事情发生了。

小志是房地产中介公司的员工,新来乍到,和公司的同事处的关系也非常好。

这天,小志因为休假,没有上班,小志的一个客户恰巧那天赶到,没有提前通知小志。

本以为这个业务要失去了,却不想邻座的一个同事帮了小志的忙,带着客户去看房子,帮小志忙里忙外,最后替小志完成了这笔业务。

作为回报,小志请同事吃了顿饭,这件事就算过去了。

此后,同事经常会帮助小志处理一些零碎的事情,开始小志还会很客气,慢慢地,小志认为,在公司里,大家都是同事,互相帮助是应该的,也没有考虑过多。

又有一次,小志因为临时有事,忘记了和客户的约定。不过他想同事应该会帮助自己接待客户的,不想,这个业务一直都是小志负责的,被耽误了,被店长狠狠地批评了一顿,并扣发当月的奖金。

小志抱怨邻座的同事,为什么不帮自己,邻座却说:"那是属于你的业务,我怎么能够插手呢？"

听了之后,小志郁闷不已。

事例中的小志犯了一个错误,以为同事经常给他提供帮助是理所应当的事情,将这件事视为理所当然,这样就难免会让同事产生反感。久而久之,越陷越深,难免会出现无人理会的一天。

职场中,两个人之间没有理所当然的事情,没有人有义务给你提供帮助,没有人有义务帮你克服生活中的困难。当别人帮助你的时候,不要将这种帮助视为理所当然,不要以为同事间就应该互帮互助,即便有,也并非理所当然。在接受他人对你的帮助的时候,要表示感谢,要对别人对你的帮助抱有一份感恩的心,并记住这份关心,在别人遇到困难的时候对别人伸出援助之手。

同事之间的帮助有各种各样的动机和理由,不管动机和理由是什么,都不能将它们作为理所当然。将很多事情视为理所当然,这是一件很危险的事情,也是一种很危险的信号。一旦某一天这种理所当然没有了,干瞪眼的只有你自己。

常常在生活中听到这样的一种声音:"现在的人啊,只知道单位领导对他们的工资、福利等各方面都要充分照顾,可照顾了吧,他们总认为这又是你做领导应该做的,是理所当然的,而对于自己本职工作的热情和积极性却没有多大的提高"。

工作中,我们可能就是产生这种声音的始作俑者,因为我们把领导对我们的照顾,把公司给我们的福利视为我们理所应得,是我们的报酬所得。但是却忽略了一些最重要的东西,当我们的付出与我们所得的工资相当时,我们应该对领导的关心表示感恩。只有心怀感恩的人才是真正能立足社会的人。

不要把有些帮助视为理所当然,要知道留一份感恩的心。留一份感恩的心去帮助别人,如果同事是真心实意地想帮你,固然好;如果同事帮助你带有附加条件,而你理所当然接受,会落得个"拿别人的手短,吃别人的嘴短"的局面。

006 职场合作中，不做别人的登天梯

钓过螃蟹的人或许都知道，竹篓中放了一群螃蟹，不必盖上盖子，螃蟹是爬不出来的。因为当有两只或两只以上的螃蟹时，每一只都争先恐后地朝出口处爬。但篓口很窄，当一只螃蟹爬到篓口时，其余的螃蟹就会用威猛的大钳子抓住它，最终把它拖到下层，由另一只强大的螃蟹踩着它向上爬。如此循环往复，没有一只螃蟹能够成功。

在当今的职场之中，处于一个公司里面，就好比是很多的螃蟹相处，都想爬出去，奋力争先，结果，总有一部分人能够爬出去，总会有一部分被留下。

当然，能够爬出去的不一定是有能力的，没有爬出去的不一定是没有能力的，但是需要注意，别做别人的登天梯。当别人借助你的能力爬出去之后，你的努力就白白浪费了。

在职场之中，总有遭别人抢功的尴尬，当你绞尽脑汁想出一个主意，而且实践证明，它为公司获得了巨大利润，这时有人试图把这份功劳归为己有。面对这种情况，你该怎么办？

张刚和李志星是公司网站管理员，负责公司的网站维护，除了维护之外，整个公司的电脑维修任务也都归他们两个一起管。

刚开始，张刚和李志星相处得还算融洽，但后来张刚发现这位同事在

技术操作方面能力并不怎么行,只是擅长纸上谈兵。有一段时间,公司网站因为受到黑客攻击,经常出故障,每当这个时候都是张刚忙里忙外,李志星像个导师一样,给张刚讲完所谓的理论之后,找个理由就溜了,张刚经常一个人要忙到晚上十点多。更让张刚受不了的是这个同事很爱抢功劳,只要有丁点儿利益,不管该不该属于他,他都爱沾手,有很多功劳本来都是属于张刚一个人的,可他硬是说他也有份。

张刚性格比较内向,李志星比较外向,所以他和公司的同事和领导接触很多,表面上人缘还很好。张刚怕如果以后有一天和他闹意见,领导和同事都会站在他那边。

遇到这种情况,该怎么办?

直接向领导哭诉,可能并不能改变既定局面,反而还会落得搬弄是非的嫌疑;百般忍让只会更助长小人的气焰;以牙还牙地互相报复换来的将是无休止的办公室风云……

这就需要知道:不仅要会做,而且要会说,所谓会哭的孩子有奶吃,职场如战场,人人都得奋勇当先,抢字当头,不然什么也得不到。

中国古代故事里孔融让梨那一套,显然不符合职场的残酷现实。不说职场,看每天挤公交车的人那股子狠劲儿,再看飞机落地还没停稳所有人就全站起来干等着那股子劲儿,还有火车站每个人都拉着箱子猛跑那股子劲儿,你就需要明白你所在的现实了!不抢?对不起,没人等着你让着你,靠边站吧!

在职场上,需要明白,不仅要会做,而且要会说,尤其到领导面前说说自己有多少辛苦,拿单子有多少不易,自己的付出才算有了落脚。

是你的就是你的,一定要勇敢地去要回来,下次同事才不敢欺负你。

除此之外,还可以通过用短信澄清事实。

写的信息不能有任何坏的影响,短信内容一定不能让对方产生不快。发信息的主要目的是要委婉地提醒一下对方,自己当初随便提出的想法,是怎样演变到今天这个令人欣喜的样子。在信息中适当的地方,你可以写上有关的日期、标题,可以引用任何现存书面证据。在短信的最后要建议进行一次面对面的讨论,这是很重要的,这能让你有机会再次含蓄加强一下你的真正意思:这主意是你想出来的。

再次,夸赞对方,重申自己的作用。

对同事独一无二的才能和见解大加赞赏,这种方法对职业女性来说特别需要。很多研究者发现,女性员工喜欢从"我们"的角度而不是"我"的角度来做事,所以她们的想法和首创就常常会被男性同事挪用。

如果实在不行,就退出争夺战。

初看起来,这似乎不能算是一种很好的方法。但更多的时候,这或许是最好的。

小王和小杜在一家广告策划公司工作,平时关系相处的很不错。有一次,公司有一个项目,要求每个人都要拿出自己的一套方案。小王经过半个多月的深入调研,加上平时对市场工作的观察思考,很快做出来一个非常出色的策划案。

方案截止的最后一天,小杜突然提出让小王帮她看看方案,提提意见。小王找不到理由拒绝,就答应了,看完之后,她认为小杜的策划很一般,没有什么创意,碍于小杜的资格比自己老,小王没好意思说。

小杜又要求拿小王的策划案看,小王没有理由不让她看。

开会的时候,因为小杜资格老,首先发言,谁知她讲述的策划方案跟小王的一模一样,在讲解时,她还说:"很遗憾,我现在只能讲述自己的口头方案,因为电脑的问题,文件毁了,我会尽快整理出书面材料。"

小王目瞪口呆,她没有想到小杜会抢自己的功劳,她不敢把自己的方案交上去,也不敢申诉,因为她资历浅,怕老板不相信自己。

经过思考,她决定暂时退出,因为这个方案的很多细节很重要也很关键,小杜只是看了大致的轮廓,只记住了框架而已,细节的部分只有自己知道。

小杜的方案获得了认可,但是在执行的过程中,却出现了瓶颈,在领导狠狠地训斥小杜之后,小王走进了老板的办公室,将细节部分呈现给老板。这个时候,她说出了事情的原委,老板夸奖了她的同时,将小杜扫地出门。

小王采取了暂时退出的方法,为自己争取了机会。

身在职场，做人就要坦坦荡荡，不是自己的功劳，就不要挖空心思去占有，不抢功，不夺功，这样的员工不仅人际关系好，而且会永远立于不败之地。

如果自己的功劳被别人抢去了，一定要三思而后行，不可以忍气吞声，忍气吞声只会助长对方的嚣张气焰，一定要勇敢地去要回来，下次同事才不敢欺负你。另外，更不要采取过激的行为，这样对谁都没有好处。

007 消极心理，远离那些不利于自己成功的人

孟子说："近朱者赤，近墨者黑"。意思是说接近好人能使人变好，接近坏人可以使人变坏。

这句话告诉了我们：如果你想成为一个成功者，就要多和成功人士站在一起，如果你想成为一个穷光蛋，就站在穷人堆里就行了。

有一个故事是这样说的：

有一位农民从省城买来一种新培育出来的玉米高产种子，据说结出的玉米棒子会比普通的玉米大上一倍，而且果实数量不止一个，在市场上很受欢迎。

附近的村民们闻讯纷纷来向他打听新种子的情况，这位农民担心大家都种新品种，会使他失去竞争优势，便假装糊涂，说种子是亲戚送的，自己也不知道在哪里出售。邻居们买不到新品种，只好继续种原来的玉米种子。

就这样，几个月之后，到了收获的季节，这位农民发现他种的新品种，结出来的玉米棒子并没有多大，而且数量同样是一个，和邻居家的玉米相比，也强不到哪里。

他以为种子公司把劣质种子卖给他，便专程去省城找种子公司。种子公司又去请教农科院的专家，经过专家分析鉴定，他买的种子实属新品种，原因是他的优良品种接受了邻居田中劣等玉米的花粉，从而产生了质变。

植物受周围环境的影响都能产生质变,更何况是一个人了?

很多人可能都知道这个故事,一只老鹰从小被放在鸡窝里,和小鸡们一起成长,长大的时候,已经完全变成一只小鸡,除了外形之外,其他的地方看不出是一直老鹰。

这就是周围环境的影响。

同样的道理,如果一个人常跟好发牢骚的人在一起,就学会了发牢骚;常跟爱发火的人在一起,就学会了发火;常跟不求整洁的人在一起,也会变得脏乱不讲卫生;常跟品行不好的人在一起,就会变坏。

社会上已经有那么多人在交友上栽了跟头,你就要时时刻刻警惕这些潜在的祸根,不要让怕得罪人的心理和好奇心超越了理智。否则失足成恨,你哭都来不及。

人生是近朱者赤,近墨者黑。既然近小者小,也能近大者大。我们看看那些杰出的成功者,他们的成长和发展,就是从学习优秀者开始的。

古希腊伟大的哲学家柏拉图,在20岁那年,一次去听苏格拉底的演说,听完演说之后,便立即下决心,要拜苏格拉底为师。

他敲开苏格拉底的门说:"尊敬的苏格拉底先生,我是柏拉图,我想当您的学生。"

苏格拉底问柏拉图:"年轻人,你为什么要拜我为师呢?"

"您有一句话我记得很清楚,那就是'认识自己',如今我就没有认识自己。""你既然知道我这一句话,那么你也应该知道我对自己的评价——'我知道我一无所知'。"

"神都认为您最聪明,可是您却这样评价自己,这正是我学习的地方。一个人不知道自己的无知,那才是双倍的无知呢,这也是我为什么来拜您为师的原因。"

据说,柏拉图在苏格拉底的身边学习了整整8年,后来成为古希腊的一位哲学巨人。他受苏格拉底的影响,看事物的角度也很独特,总是从心灵中去体验世界。他的主要著作《理想国》就是一部很有价值的长篇对话录。

钢铁大王安德鲁·卡耐基是个成功者，他的成功便是来自于自己模仿很多的偶像和成功者有关，他喜欢学习模仿洛克菲勒、摩根和其他金融巨子，留意这些人的一举一动，研究这些成功者的信念，模仿成功者的毅力，从而影响和促成他走向了成功，成就了辉煌。

人常说：挨金似金，挨玉似玉，挨着木匠会拉锯。跟快乐的人在一起，就学会享受生活中的快乐；跟热心的人在一起，就会变得富有热心；跟有爱心的人在一起，也会产生爱心；跟成功的人在一起，也会去追求成功。这就像练习书法一样，手边备有许多真正的好碑好帖，时时观赏、练习，必能练出一手好字。

假如你想找到一条容易成功之路，那就从现在开始，先去寻找那些表现杰出的人，观察他们的行动，倾听他们的言语，并尽量多和他们交往，向他们学习。

你如果发现某人表现突出，你心里要立刻跳出这么一句话："他是怎么做到的？"

这时你也会产生出追求卓越的希望，从你所见所闻的每件事里挖掘出成功的"金矿"。

假如你现在想找一个积极的朋友，一时又难以找到，那你就在伟人的自传或中外名著里找一个好朋友，你虽然和书里的朋友没有见过面，但你可以在书里和他面对面地谈心、交流，从他们身上汲取营养，汲取智慧。

美国伟大的作家马克·吐温跟一群年轻人说："远离那些要减少你成功的人。"他还说："那些真正伟大的人会使你觉得自己也可以变得伟大。如果你要成功，少接触小人，多跟成功的人在一起。"

008 你认识谁远远比谁认识你更重要

当前社会流行一句话:"一个人能否成功,不在于你会做什么,而在于你认识谁。"不要对这句话产生质疑,对于辛辛苦苦在社会上打拼的人来说,实力学历都比不上"人力"来得管用,就像是一句话说的'借梯登天',借助别人的帮助来实现自己的目标。要想在同样的竞争条件下比别人的成功来得更容易,就一定要在"认识谁"上大做文章。

要成功,你需要认识谁?毫无疑问,在职场之中,当然是认识能在某些方面给你帮助和指点的人,也就是人们嘴里常说的'贵人'。人的一生中依靠一己之力很难能做出一番成就,即便你足够有实力来完成,道路也一定充满曲折。没有人给你指出方向,你需要摸索很长一段时间;没有人给你伸出援手,在遇到坎坷的时候,你需要慢慢地爬出来;在遇到困难的时候,只能自己去摸索。人生不可无贵人,成功的道路坎坷难走,在成功的道路上越拥有广泛的人际关系,储存你的"人际储蓄",你就越有机会能获得贵人的相助。只有让贵人赏识你,信任你,认识你,才能赢得贵人的帮助。你就可以在自己选择的道路上架起一座通往成功的桥梁。

雅芳公司 CEO 钟彬娴,大学毕业时,是一个一无背景,二无后台的"清白"之人,毕业之后一两年之内,在几个公司里辗转,始终处于游离的边缘。机缘巧合的机会,应聘到鲁明岱百货公司做她喜欢的营销工作,并在那里结识了职业生涯的第一个贵人——鲁明岱百货公司历史上的第一位女性副总裁法斯。在法斯的提拔下,钟彬娴27岁就进入了公司的高级管理层。

不久之后,由于公司的经营模式与她的想法完全相悖,她和法斯一起跳槽到玛格林公司,不久就升到了副总裁的位置。钟彬娴觉得自己的发展空间有限,于是去了雅芳公司。在那里,遇到了她的第二位贵人——雅芳公司的CEO普雷斯。由于普雷斯的欣赏和举荐,加上她个人的努力,钟彬娴最终坐上了雅芳公司CEO的位置。

钟彬娴的人生缘何有如此之大的转变呢?

原来几个公司的高层领导之所以相继提拔钟彬娴担当重任,就是因为她在公司和商业中具有良好的人脉。这些才是她的价值所在。

一个人,认识的人越多、越重要,对自己的生活、事业就越有帮助。人一定要懂得人脉的重要性,在与人交往的过程中越主动积极,其人际关系也就越融洽,越能适应社会,其工作业绩也会越大。

人生不可无贵人,在每个人的人生旅程中,除了具备良好的做人品德,还需要有成就大业的基础和能力。它包括知识、人脉、经验、眼界、驾驭事业的能力,当然重要的是还需要很多贵人的协助。贵人不一定是比你权力大、地位同、财富多的达官显贵。在你的上司、同事、朋友、下属、竞争对手中也常常有你的贵人,或许他们就是帮助你扭转乾坤、改变命运的人。

俗话说:"一个篱笆三个桩,一个好汉三个帮。"《三国演义》中的刘备,原本只是涿县的一个籍籍无名之辈,是不是汉中山靖王刘胜的后代还需要考究。然而,这样一个人物,日后却摇身成为威震四方的英雄,名震一时。他靠的是什么?是诸葛亮、关羽、张飞、赵云等众多朋友,如果没有他们,刘备可能一生都要碌碌无为。

红顶商人胡雪岩曾说过:"一个人的力量到底是有限的,就算有三头六臂,又办得了多少事?要成大事,全靠和衷共济,说起来我一无所有,有的只是朋友。"一个能成大事的人,关键不在于他自身的能力有多强、多有才华,而在于他善于借助别人力量的能力有多强。

美国一个出版商有一批滞销书久久不能脱手,占用了他大量的资金,这让他很苦恼。一天他忽然想出了一个主意:借助名人做广告。但是当时他只是一个小小的出版商,哪里能有钱请得起名人做广告呢?灵光一现,他想到了总统。于是给总统送去一本书,并三番五次去征求意见。忙于政务的总统不愿与他多纠缠,便回了一句:"这本书不错。"出版商便借总统之名大做广告,"现有总统喜爱的书出售",于是,这些书被一抢而空。

"成功不在于你知道什么,而在于你认识谁",这个观点乍听起来是有点不可思议,但是仔细琢磨,其实是非常有道理的。很多人都认为,成功靠自己,事实上,靠一个人的力量能做多少事情呢?要知道,真正为成功而不懈努力的人,还要在人际关系上下大力气。

世界潜能大师陈安之的《超级成功学》著作中写道:成功靠别人而不是靠自己。没错,人想成功,依靠的不光是自己博学,还要看他身边的贵人。

但是茫茫人海之中,该去哪里寻找贵人呢?只要你用心去留意、去观察、去把握,只要你学会对每个人热情相待,学会把每件事做到完美,学习对每一个机会都充满感激,并随时与你周边的人保持亲密的关系,贵人就会在无意之中、要你需要的时候、在你陷入困境时来到你的身边。

009 不求贵人相助，事业难达高峰

职场中，我们经常能听到一句话说"三分天注定，七分靠打拼"。很多人一直相信"爱拼才会赢"，但偏偏有些人是拼了也不见得赢，关键可能在于缺少贵人相助。在攀向事业高峰的过程中，贵人相助往往是不可缺少的一环，有了贵人，不仅能替你加分，还能加大你成功的筹码。

纵观古今那些成就大事的人，他们除了靠自己的聪明才智获得成功之外，还总能幸福地站门在巨人的肩膀上得到贵人的相助。

贵人是一个人成大事不可缺的帮手。少了贵人的相扶，你要想成就大事所花的时间会更多；少了贵人的相扶，你甚至成就不了大事。贵人是一个成大事的活命草，当然仅仅幻想贵人自己主动来帮你是不现实的，一切成功都靠自己，贵人也需要自己把握，不懂得去抓住贵人的手，你就错过了成大事的机会。

张坤初到上海之时，只是众多求职大军中普通的一员，离乡背井，不知何时有落脚之地。

一次偶然的机会，他进入了一家生产电梯的工厂，做了一名车间工。

工作之初，他非常感激自己有这个机会能来到这里，非常努力地工作。由于他平时喜欢摆弄一些机械类的东西，碰到不懂的问题时，总是喜欢琢磨，在车间工作的时候，他总是喜欢研究车间的那台大机器，每每研究起来，都是废寝忘食。

有一段时间，机器内部的零件构造以及工作原理，由于知识有限，他怎么也无法琢磨，为了能够彻底弄清楚，他专门跑到了附近的书店，购买了这

类的书籍来钻研,经过慢慢地琢磨,他终于将车间里的零件完全弄懂了。

有一次,为了赶工时,车间的机器由于长时间工作,最后出现了机器无法正常运转,这可急坏了公司的领导。领导花重金找来维修员,维修员最后得出的结论是机器由于长期的过度使用,已经报废,需要重新购买。

领导非常着急,眼看着这份单子已经到了最后交货的期限,如果重新购买机器,不仅资金方面无法周转,也无法按时交货,会对公司造成很大的损失。

张坤看到了这些,他细细地琢磨了一下,对领导说:"其实只要更换里面的部分轴承,机器还可以继续运转,但是只能缓解一时。"

领导非常高兴,说:"只要过了眼前的这一道难关,其他的都好说。"

按照张坤的方法,机器在更换了部分轴承之后继续运转了,货物终于按时提交。

这件事之后,领导重重地奖赏了张坤,升任他做公司的技术顾问。

后来,公司搞起了全方位的经营策略,领导将这个公司全权交给张坤负责。

在张坤经营初期,由于缺少经验,开始的经济效益并不明显,曾经提拔他的领导给了他很多的指点,从领导那里他得到很多的帮助,公司很快发展壮大。

张坤的聪明才智终于得以施展,没过几年,张坤在当地已经成了小有名气的人物。

张坤的成功,得益于自己的努力,但同时也得益领导的提拔。如果在张坤自己经营的时候,没有领导的帮助,很难有后来的成就。

在人的一生中,总会碰到几个贵人。"贵人"可能是指某位身居高位的人,也可能是令你心仪已久或欲模仿的对象,无论在经验、专长、知识、技能等各方面都比你略胜一筹。因此,他们也许是师傅,也许是教练,或者是引荐人。

当下有很多创业者,就拿他们来说,在创业的起始阶段很难突破各个方面的瓶颈,如果此时有贵人相助,指点一二,从贵人那儿得到帮助,便可以顺利突破瓶颈,把公司发展壮大。而如果有一些人不懂的贵人的重要,只想凭自己一步一步往前走,当别人成功时,他还在艰难度日。

一位企业家曾一语道破天机,他说:"我之所以能有今天的成就,单靠自己的力量是办不到的,而是得力于我广泛的人际关系,得力于我的好帮手。"他所说的好帮手正是他的贵人。

话虽如此,没有贵人难成气候,但若要被"贵人"相中,首要条件还是在于被贵人推荐上去的人究竟有没有两下子。俗话说,师傅领进门,修行在个人。如果你一无所长,却侥幸得到一个不错的位置,保证后面有一堆人等着想看你的笑话。毕竟,千里马的表现好坏与否,代表伯乐的识人之力。找到一个扶不起的人,对贵人的鉴人能力,也是一大讽刺。

除了真正是基于爱才,惜才之外,一般而言,贵人出手,多少都带有一些私心,目的在于培养班底,巩固势力。但也有一旦接班人羽翼丰盈之后,立刻另筑他巢,导致与师傅失和,反目为仇,这只能另当别论。

不管如何,如果你的生命中没有贵人相助,即便有所成就,也是摸爬滚打,走了很多的弯路才换来的,如果有贵人相助,就可以让你少走很多弯路,少遇到很多的挫折。

你与贵人的关系,最好是建立在彼此各取所需、各得其利的基础上。这绝不是鼓励唯利是图,而是强调彼此以诚相待的态度,既然你有恩于我,他日我必投桃报李。

遇到生命中的贵人,以下方面是必须要谨记的:

一、比你能力强的人大有人在,对他们不要嫉妒,而是敬仰。绝不要因为别人的权势,产生嫉妒心理,向比你强的人看齐,这才是你要做的。

二、摸清贵人提拔你的动机。职场中,人心难测,有些人专门喜欢下属为他做牛做马,用来彰显自己的身份。万一出了事,这些下属不仅捞不着好处,还可能成为替罪羔羊。

三、礼尚往来。有些人在受人提拔,功成名就之后,往往就像双手遮掩过去的踪迹,口口声声说"一切都是靠我自己",一脚踢开照顾过他的人。对帮过自己的人,应该心存感恩,落井下石只会断了自己的去路。

有了"贵人"的提携,加之个人的能力与努力,你一定比别人捷足先登成功之梯。

第七章
踏过门槛心理,朋友最先都是陌生人

001 踏过门槛，和陌生人"一见如故"

职场中，每个人都会对"第一"情有独钟，第一天上班、第一次见领导、第一次领奖金、第一次谈判等等，会记得非常清楚，但对第二就没什么深刻的印象。

这就是首因效应。

首因效应也称第一印象。心理学家经过研究表明，大脑皮层接收信息决定认知效果，最先输入的信息最容易刺激大脑皮层，最容易被接收，所起的作用最大，最后输入的信息则不易刺激大脑皮层，也不容易被接收，所起的作用就会稍稍弱些。大脑处理信息的这种特点是形成首因效应的内在原因。

心理学中，首因效应本质上是一种优先效应，当不同的信息结合在一起的时候，人们总是倾向于重视前面的信息。

职场中，与陌生人见面的第一印象，是在短时间内以第一手掌握的资料为依据形成的印象，心理学研究表明，与一个陌生人见面，45秒钟内，甚至更短的时间就能产生第一印象。这一最先的印象对他人的社会知觉产生较强的影响，并且在对方的头脑中形成并占据着主导地位，这种先入为主的第一印象是人的普遍的主观性倾向，会直接影响到以后的一系列行为。

因此，职场中，第一次与陌生人见面，人们在不知不觉中，倾向于根据最先接受到的信息来形成对别人的印象,这就是第一印象的作用。因此,就要给对方留下最好的第一印象,在首因效应的影响下,进而有效地进行沟通。

一位求职人员,在网站上看到一家公司的招聘广告,前去应聘。
走进招聘的公司,他见到了那家公司的老总,说明了自己的意向。
那位老总说:"小伙子,我们这里的名额已经招满了,你去别的公司看看吧!"
"助理人员呢?"
"额满了,不需要!"
"业务人员呢?"
"额满了,不需要!"
"人事部呢?"
"额满了,不需要!"
"那么,你们一定需要这个东西。"说着他从公文包中拿出一块精致的小牌子,上面写着"额满,暂不雇用"。
老总看了看牌子,微笑着点了点头,说:"如果你愿意,可以到我们业务部工作。"

这个求职人员通过给招聘人员留下了机智的第一印象,引起对方很大的兴趣,从而为自己赢得了一次工作的机会。
同时,因为求职者给老总留有聪明机智的第一印象,老总对他的印象会非常深,为以后的职场升迁也打下了基础。
由此可见,第一印象非常重要。
职场中,与素不相识的人初次见面,必定会给对方留下某种印象,第一印象所获得的主要是关于对方的表情、姿态、仪表、服饰、语言、眼神等方面的印象。它虽然零碎、肤浅,却非常重要,因为,在先入为主的心理影响下,第一印象往往能对人的认知产生关键作用。研究表明,初次见面的最初几分钟,是印象形成的关键期。

怎样才能给人良好的第一印象呢？

心理学家提出下面几条建议：

一、先入为主，主动与对方打招呼

对于陌生人来说，先开口向对方打招呼，就等于你将其置于一个较高的位置。以礼貌的口吻谦恭热情的态度去对待对方，一定能叩开交际的大门。同时用自信、诚实的目光正视对方的眼睛，会给对方留下深刻的印象。

二、职场应该以穿着表现个性

在未正式交往以前，别人对你的第一印象，往往是从外表以及服装上得来的。因为衣着打扮往往可以表现一个人的性格。职场中以穿灰色、黑色西服为主，这种颜色的服装通常能表现出一个人理智的一面。职场上尽量以庄重为主，使人第一眼就留下一个美好的印象。

三、面部保持三分微笑

真诚的微笑代表着一种友爱，是一种友善的信号。一些不懂得利用微笑价值的人，实在是很不幸的。要知道，微笑在交往中是能发挥极大效果的。在职场，对陌生人微笑，会显示出你意想不到的良好效果来。许多专业推销人员，每天都要花二、三分钟的时间，面对镜子训练自己的微笑。

四、要记住对方的名字

职场中，当他人将对方介绍给你时，你就必须马上记住、并能叫出对方的姓名。需要知道，一个人对自己的姓名会有莫名的亲切感，当你适时称呼对方姓名，会让对方对你产生亲切感。

五、要适时赞同对方的言论

职场中，不论对方年龄、地位高低，都是一个极为关注自身的人，假如你能适时称赞对方所说的话，一定可以赢得对方的好感。因为由于你的附和、赞同，表示出你和对方意气相投，那么，他在感觉自己被关心之后，也会转而注意你的。

六、引导对方谈得意之事

任何人都有自感得意的事情，但是，再得意、再值得骄傲和自豪的事情，如果没有他人的询问，自己也不能主动提及。而这时，你若能适时而恰到好处地将它提出来作为话题，对方一定会欣喜万分，并敞开心扉畅所欲言。适当地给人以机会，你们的关系会更加融洽。

七、不要忽略分手的方式

所谓善始善终,心理学认为,人的记忆或印象会随着它的话语中出现的位置的不同而有深浅之分。一般来说,最有效果的是最初和最后的位置。所以,在事情进行过程中留下不好的印象或出现某些小问题,如果能在最后关头将良好印象深植于对方心中,就能挽回原来造成的损失。

职场中,我们在交际中也要注意分手时的语言和动作。热情招待朋友之后,人刚走出去就把大门砰地关起,前面的款待也将前功尽弃。与人会谈结束的时候,如能将自己的感激之情用三言两语表达出来,一定会给对方留下难以忘怀的印象。

所谓扶人上马,再送一程,就是这个意思。

002 让好形象拉近陌生人之间的距离

外貌是一个人的第一名片,是最直接、一目了然地向外界传递着一个人的基本资料。

美国社会学专家史密斯·艾尔经过研究发现,50%以上的第一印象是由一个人的外表造成的。你的外表是否清爽整齐,是让身边的人判定你是否可信的重要条件,也是决定别人如何对待你的首要条件。

当然,这种外表不仅仅指一个人的长相,外表包括长相和穿着打扮。如果你的相貌很普通,不用担心,所谓三分长相七分打扮,能不能给别人留下一个好印象,关键在你的穿着打扮。

史密斯·艾尔曾经做过一个试验:

参加实验的几个人,分别为一位正装打扮、戴金丝眼镜、手持公文包的青年学者,一位打扮时髦的漂亮女郎,一位拎着行李包、满脸疲惫的中年妇女,一位留着怪异头发、穿着邋遢的男青年。四个人分别站在公路边搭车,结果显示,漂亮女郎、青年学者的搭车成功率很高,中年妇女稍微困难一些,那个男青年就很难搭到车。

这个故事说明:不同的仪表代表了不同的人,获得别人认可的程度也会随之不同,这不仅仅是以貌取人的问题。

当然，职场中并不是每个人都可以长得让别人看着就舒服的境界，但是完全可以通过打扮装束达到这种效果。

一个在职场中和你商谈的人，往往不自觉地依据你的衣着来判断你的为人，所以有句话叫"人靠衣装"。服饰只有与穿戴者的气质、个性、身份、年龄、职业以及穿戴的环境、时间协调一致时，才能真正达到美的境界。得体的穿着讲究与人本身的身材年龄性格和谐，同时也讲究与场合的和谐，在不出错的基础上再讲究搭配的技巧。

因此，在职场中，要根据自己生活和工作的需要，有技巧地打扮自己，让自己赏心悦目，给自己增加印象分。

职场中，毋庸置疑，打扮方面应该彰显理性，颜色方面以灰色、黑色为主，主要需要注意以下几个方面：

一、要有一套质量上乘的职场服装。

职场服装关键在质量不在数量，因此在选购观念上，应是拥有高品质的服饰，会加强个人对穿着的信心，宁可重质，才是长久的穿衣哲学。

二、职业套装尽量以干净为主，不要有衣服褶子，不然会让人倒胃口。

三、在职业装的整体外观上，要留意小细节部分，如长袖衬衫的袖口，必须露出一小截在西装上衣袖口外，如此可让人感受到您典雅清洁的品位。

四、在整体的服装搭配上，须避免不必要的装饰，像是闪亮华丽的鞋子、夸大的皮带头，都会影响协调性。

五、不同款式的衬衫，要搭配不同形式的领带或领结。领结大小，要视衬衫领片的形状而定。领片较宽时，如八字领，不妨将领带以较松的大领结，即称温莎领结款，或双结的打法；若是领片较小、较窄时，则应该打小的领结，或单结以保持整体的平衡性。

六、和不同风俗的人接触，要尽量做到入乡随俗，并以适当的穿着配合。举例而言：在严谨的德国人面前，要穿传统的套装，如果穿过于浪漫的套装，会被认为太过浮夸了。因此注意当地穿着的习惯，也会得到应有的尊重。

003 用肢体语言成功实现零距离

在中国的职场中,陌生人初次见面会彼此握握手,这就是肢体语言的一部分。不要小看这握手的动作,一个热情而有力的握手能表示出你对对方热情而友好的态度,这显然和语言有同样的功效,甚至作用还要大于语言。

与陌生人的沟通中,我们通常以为交谈的技巧在于"语言",事实上最重要的交谈技巧并不仅仅只有语言,还有我们的身体。与陌生人沟通首先依靠的是肢体语言,它通常是在说话之前就已经表达出了我们的感觉和态度,反映了我们对他人的友善程度。

职场中,肢体语言在人际交往沟通中起着如此重要的作用,那么在交谈的时候,一定要注意肢体语言的利用。尤其是与陌生人交往的时候,善用肢体语言,更能有效地拉近彼此间的距离。

肢体语言缘何会有如此大的作用呢?

由于天性使然,社会生活中,每个人都会拥有一个无形的"自我保护圈"。一般而言,处于自我保护圈之内就会觉得很安全,而且只有自己和自己关系非常亲近的人才可以接近。但如果一旦有人走进了这个范围,就会产生警惕和戒备心理。如果是关系非常亲近的人,则不会如此。如果你成功地进入了对方的安全范围之内,则往往就会产生对方是自己亲密者的错觉。

在《青年文摘》中曾经刊登这样一句话：只要男女开始勾肩搭背，他们就已经是情人。的确，人与人之间有了直接的接触，彼此间的距离会一下子缩短许多。

因此，在职场沟通的过程中，若想在短时间内缩短与对方的距离，最简单的方法就是尽可能地制造与对方身体接触的机会。

由此可见，与对方的身体接触可以消除陌生人之间的防备心理，拉近彼此间的心理距离。

当然，肢体语言不仅仅指单方面的身体接触，还有表情、眼神等方式。

美国著名社会学家希尔博士将沟通场合的肢体语言用一个英语单词来概括：soft。

第一步：S——Smile 别吝惜你的微笑

微笑代表着友善的信号，表达对他人的一种友善。同时，微笑是世界通用的语言，是一种易于被接受的非言词信号，给人以友好、热情的印象。职场沟通的过程中，别吝惜你的微笑，用微笑拉近陌生人之间的距离，这是最简单和最好的方式。

第二步：O——Open Your Posure 张开你的双臂

在西方国家，伸开双臂代表着一种友善，可以想象，当你遇到某人的时候，他伸展双臂来欢迎你，这说明他很高兴见到你。如果他交叉双臂站着或坐着，说明他对你的到来一点也不高兴。所以，如果你想向对方表达出你的热情，就张开你的双臂，即便看起来有点夸张，也比交叉抱着双臂要好得多。

然而，由于文化的差异，中国的职场沟通中，使用的不是拥抱，而是握手。但是同样可以通过力度和方式来表达你的友善，当然，不是越用力越好，能够表达出一个人的热情即可。

F——Forward lean 身体微向前倾

职场沟通的过程中，当你和对方谈话的时候，不要懒洋洋地躺在椅子上，这会给人一种傲慢的感觉。正确的方式是身体微微前倾，这说明你对他说的话题很感兴趣，这对他来说是一种恭维，他自然很愿意同你交谈下去。

T——Touch 接触

这就是上面所说的握手，这是东方的独特的文化。职场中，握手在同性之间要比异性之间要容易得多,男性在面对女性的时候,会害怕如果自己伸出手而对方不接受,那样会让自己很尴尬。事实上,不管是男性还是女性,忽略或者拒绝这种友好的握手都是非常不礼貌的。而女性则会想,如果自己先伸出手,对方会不会有其他想法？其实,不管是谁先伸出手,几乎所有人都喜欢这种身体接触。

友善的肢体语言外,还有一些不友善的肢体语言,这些肢体语言可能是在平时的生活中形成,可能是无意识之间的行为。但是在沟通的场合中,一定要注意,不可因为这些无意识的行为,传递出一种不友善的信号,比如,双手抱胸、跷二郎腿、无语露齿怪模样、眼中见三白、坐姿摇摆不定、单手或双手托腮。

这些可能只是无意识的行为,但是却会传递一种不友善的信号,需要避免。

004 见微知著,察觉陌生人的心理

俗话说:人心难测,海水难量。职场中,世事难测,与陌生人的交往中,很难能够对对方有全面的、准确的了解,因此也就很难能够采取应对的措施。

但事实上,人的内心状态并非不可揣测。人们的表现即使在语言方面有所掩饰,也会通过无声语言,尤其是体态语言反映出来。一些职场沟通高手,就善于捕捉一些不易觉察的细节,从而做出应对的方法。这主要是因为肢体语言具有习惯成自然的下意识特性,所以它比语言更能表现出人的心理状态。

可能你会说,职场上的人都是历经百战,甚至可以用老奸巨猾来形容,早就已经习惯了来掩饰自己的下意识特征。这种说法有些道理,但并不能反映全部,一个人经历越复杂,经验越丰富,只能说明他能够意识到,进而做到收敛自己的一些细节动作,不是说在一些肢体语言上进行掩饰、伪装,就可以不被别人看穿的。

不管是什么人,要做到完全不露痕迹、天衣无缝是不可能的。

关于撒谎举个简单的例子:

英国社会学家斯宾塞经过数十年的研究发现:当一个孩子撒谎时,常把手藏在背后;而成年人撒谎时,会把这一动作演变为双手插进衣兜里,或

是摆出一副双臂交叉,以示防范的姿态。

也许你会说,一个人经过锻炼,完全可以在撒谎的时候,将手掌敞开,问题没有这么简单。一个看似很简单的动作,其实却并不可能实现,比如,你可以在打喷嚏的时候睁开眼睛吗?或许你会说行,但这是不可能实现的事情,打喷嚏的时候眼睛一定是闭着的。

说谎话的时候,即便你经过了锻炼,肢体语言方面依然会传递出一些信号。如果你的手势被控制了,但其他体态会表现出下面一些特征:脸色变化、动作不自然、肌肉紧张、眼神不自然等等。

这些传递出来的信号与敞开的手掌相矛盾,仍然会给人一种不诚实的感觉。这就是说,当人的大脑有某种行为的信号时,思维活动会支配身体的各个部位发出各种细微信号,这是人们不能完全控制,也是难以充分意识到的。可以控制的语言与难以控制的体态语言之间,有意识控制的部分体态与难以意识到的部分体态之间,有意控制的短暂时间与难以控制的较长时间之间,必然会出现某种矛盾、差别,显得不协调、不自然。这就是肢体语言的心理表现不可改变的原因。

小李和小王一同接受一家公司的面试。面试结束后,人事部经理对他们两个说道:"请回吧,你们的条件我们基本上都掌握了,我们研究一下,会告诉你们消息的,再见。"

回去之后,小李立刻着手安排下一场面试,而小王则颇为不解,说:"我们还没有得到消息,如果面试成功了,岂不是白白浪费了。"

小李则很自信地说:"我们的面试已经失败了。"

小王很奇怪,问:"你怎么知道的?"

小李回答说:"面试官对我们说话的时候,右手总是撑在脸上,中指指着下颚,食指伸直指向右眼角,左臂又横在胸前,目光很少直视过我们。这种体态就是表示:我们对他没有足够的吸引力,我们不是他所需要的人。"

小李就是一个懂得肢体语言的人,他能够通过对方的表现来得到一些信息,这是很多人都需要学习的本领。

职场中,如果你能够读懂肢体语言传递出来的信号,能够读懂别人的心理状态,那么你就占据了主动,可以知道对方的心理,预料到对方的下一个动作或者下一句话,及早准备,掌握先机。

　　小张和一个潜在客户进行交谈,交谈进行到一半,小张将自己的联系方式留给了对方,转而和其他潜在客户进行交谈。公司的同事是相同的工作,小张的工作效率却比同事要高出很多。

　　小张的秘诀就是通过观察对方的一些小动作,从而得知对方的心理:比如,小张在提出条件时,看到客户搓搓手掌,他意识到客户是在思考。随即会注意客户搓手的速度,搓得较快,表示事情好办;慢慢地搓几下,表示事情难办。每当看到潜在的客户在慢慢地搓手,小张就会立刻寻找潜在的客户,不浪费时间,这也是他效率如此之高的原因。

　　职场中,要学会观察,通过一个人的细微动作,得出对方的心理,这些细微动作包括目光与面部表情、身体运动与触摸、姿势与外貌、身体间的空间距离等。职场沟通交际的过程中,即使不说话,也可以凭借对方的身体语言来探索他内心的秘密,进而采取应对措施,掌握主动。

005 通过小动作，预知对方心理

生活中，一个人的心理总是要通过一些肢体的语言表现出来。比如说，一个此时坐在你对面的人，他总是紧紧咬住嘴唇，说明他的内心在做着激烈的思想斗争；如果他东张西望，则说明他有些局促不安，在等待着某个人的出现；如果他紧紧地抱住胳臂，则说明这个人是性格内向，防御性很强的人。

美国社会心理学家哈维尔博士根据十几年的研究实践，得出了一些小动作代表的一些心理：

在与人交谈的过程中，皱眉头，则表示在思考，这种情况下最好不要打扰；

双手纠缠在一起，则表示此人正处于紧张、不安或害怕的情绪中；

眯着眼睛，嘴角歪向一边，则表示不同意，心生厌恶或不欣赏；

来回走动，则表明对方在发脾气或者受到挫折，难以安静；

不敢正视对方，眼神闪烁，则表明此人不自信，或者在说谎；

正视对方则传递着一种友善、诚恳的态度，同时表明此人性格外向，有安全感，自信，笃定等；

搔头，则表示处于迷惑的阶段，或不相信；

坐在椅子上，来回抖脚，则表明内心的紧张情绪；

身子向前倾，表示注意或感兴趣；

身子向后倾，表示心不在焉；

头部挺得笔直，说明对谈判和对话人持中立态度；

低头则说明对对方的谈话不感兴趣或持否定态度。

除了身体上肢的动作之外,下肢的动作更为明显地反映一个人的心理:比如,交谈的过程中跷二郎腿,这一般是表示一个人不露声色,保持一种观望态度。不过职场中,有些人长期养成的习惯,经常随便这么坐,没有任何潜台词,不过只要你参照他的行为,就可以理解此时跷起二郎腿的心理了。

比如,和你交谈的人,如果跷起二郎腿,两手交叉在胸前,收缩肩膀,则说明你此时的谈话无法引起他的兴趣,他对眼下的谈话已经不再感兴趣。

如果对方此时坐在你的对面,跷起的腿呈一个角度,则说明他这个人很懂礼貌,性格方面比较好强,争强好胜。如果他还双手抱膝,则说明沟通结果很难预料,因为这种人一般不会让步,口齿伶俐,反应快,是一个职场沟通的高手。

如果交谈的过程中,对方叉腿站着,说明他不自信,紧张而不自然。人们在一个陌生而不舒适的场合多半爱这么站。

坐在你面前跷起二郎腿的时候,手指叉在一起而面朝上,说明对方精力集中、果断和有几分优越感。此时的你需要改变一些策略,要根据对方的心理变化采取策略。

交谈的过程中,对方在耳朵部位搔痒痒或轻揉耳朵,你需要改变一种沟通策略,因为对方已不想再听你说下去。

如果对方用手指轻轻触摸脖子,则说明对方对你并不相信,至少对你说的持怀疑或不同意的态度。

如果对方把手放在脑袋后边,你要做好接受挑战的准备,因为对方准备反驳或者质询你的某些谈话内容。

交谈的过程中,对方用手指敲击桌子,说明对方觉得无聊或不耐烦。

如果用手托腮,用手指顶住太阳穴,说明对方在仔细斟酌你说的话,此时你要做的只是旁侧敲击。

如果交谈的过程中,对方出现在有意无意之间清除衣服上看不见的尘土,你已经可以收起你的谈话了,因为对方内心里不同意你说的,但因某种原因不说出来。

职场中,一些心理的活动都会通过一些细微的动作表现出来,只要你平时注意观察和揣摩,相信慢慢就会懂得这些。

006 拥有特质,成为陌生人记忆的"闪光点"

职场是一个推销自己的舞台,如何将自己推销出去至关重要,如何将自己推销出去呢?

认识更多的人,让更多的人认识你。

如何才能让别人尽快地记住你呢?

初次见到陌生人,总免不了一番自我介绍,或者通过朋友的引荐认识,"你好,我叫王强,业务部的,很高兴认识你"或者"你好,这是我朋友李东,职业广告策划人",然后陌生的双方相互握一下手,稍微表示一下,算是认识了。

可是,这样平淡无奇的介绍,下次再见面时,对方十有八九会忘记你的名字,甚至压根儿忘记你这个人,这样的场面任何人都不希望。

究竟如何才能让对方在最短的时间内记住你呢?

最近一段时间,娱乐节目纷纷推出选秀节目,青年男女都表现出极大的热情,渴望能够在这些舞台上一朝成名。尽管人们对此褒贬不一,但还是有那么一批籍籍无名的人由此走上星光大道,被人们记住了。

这其中,有些固然是个人的能力最好的体现,但同样有些人能力并不算突出,同样被人所牢记呢。

为什么他们能够被人们所牢记呢?

是个性。选手的个体特性让他们脱颖而出,个性的突出让人们产生好奇感,不同的个性选手满足不同的观众群体,人们记住了这些有个性的人,所以他们成为最终的优胜者。

职场中,与陌生人打交道总是遵循第一次见面、交流、观察、进一步沟通了解到彼此好恶的过程。一个人要想让别人容易记住你,独特的个性是必须的。

这里的个性并不是指奇装异服,职场是个严肃的场合,不允许出现奇装异服或者语出惊人等一些不符合职场环境的个性。其实,只要你把握得当,完全可以在职场中突出个性。

沟通交流的场合中,个性的作用至关重要,这种个性是多方面的,可以是专长、可以是性格,可以是习惯,当你的个性与公司的某项工作非常吻合时,你就是唯一的。

社交场合中,记住别人是一门专业课,被别人记住则是一种能力,你必须具备这种能力。

小赵和小徐是两个刚刚毕业的大学生,在一次非正式聚会中,遇到了一位出版社的社长。

小赵首先自我介绍,说:"你好,我叫赵刚,今年刚刚毕业,正在寻找工作。"

这位出版社的社长点点头,说了句场面话:"加油,小伙子,祝你早日找到满意的工作。"

同样是正在寻找工作的小徐,则是通过这种方式拉近了彼此之间的距离:他说:"你好,听说你是一位作家。"社长谦虚地说:"哪里是作家,喜欢写些豆腐块的文章而已。"

小徐继续说道:"您太谦虚了,中国文化界,能从作家做到社长,既需要具备文学功底,还需要具有管理才能,不多见呢。我也喜欢写些东西,还希望您以后多加指导。"

社长非常高兴,说:"你也喜欢写文章?那肯定有些文字功底,不是正好符合出版社的要求嘛,有兴趣的话可以到我的办公室坐坐。"

两个人因为有了共同的话题,聊得非常亲切。

小赵和小徐相比,在自我介绍方面,差距就太远了,一个以自己为主,一个以别人为主,突出自己的特质,喜欢写文章,找到了双方的共通点,由此给别人留下了很好的印象,容易让别人记住。

事实上,职场中大多数人都有自己独有的特质,但是更多的人选择了对自己特质的不自信和忽视,总是认为别人有的东西才是好的,潮流的东西才是最好的,相反却把自己独有的个性舍掉了。

与陌生人沟通的过程中,我们要注意塑造自我,塑造个性,这种塑造应该基于自身的特点,而不是凭空虚造,或者盲目嫁接,更不是跟风盲从,务实而自信才是最好的选择,我就是我,不可替代,是独特的。

当然,让别人尽快记住你,除了突出自己的个性、亮点之外,还需要谦虚、低调,以别人为主,免得让别人留下此人爱吹牛的第一印象,这就得不偿失了。

007 逆境之中,需要做缩头乌龟

职场中,作为员工,难免会遇到犯错的时候,犯错之后,如果挨骂,或者受到警告、指责时,心里都会不痛快。身处这样的逆境中时,我们不妨做一下缩头乌龟,以自卫的方式来保护自己。

众所周知,乌龟在遭遇外力干扰时,便把头脚都缩进壳里。它不会反击,一直到外力消失,它认为安全了,才把头脚伸出来。这是乌龟的自我保护方式。

职场之中,在逆境之中时,如果采取乌龟式的自卫方式,带一些迟钝,就可以减少很多不必要的误会与麻烦。因为迟钝可以化解上司的怒气与怨气。同时,"逆来顺受"太极拳式的柔性响应,也可使对方的动作软化,力量散化,让对手"无功而退"。另外,由于你知道自己在做什么,所以你对所处环境有所认知的"心"就有如乌龟的硬壳,使你不致受到伤害。

比如,面对正处于气头上的上司时,就要把自己当做一只乌龟,收起自己的不满和冲动,任他指责批评,肖然不动,直到上司的一顿乱批结束。这种缩头乌龟的行为或许有些懦弱,有些可笑,但是从摆正心态的角度来说,确实是聪明和正确的。

身为上司,本有就有一种优越感,总希望得到下属的信赖和敬爱,他们希望看到的是部下很愿意听他的"教训"。一个下属在上司教训的时候,不是选择接受训斥,而是极力为自己辩解,这样的人肯定不会得到上司的青睐。"教训"不仅仅是责骂,其中也包含有忠告、指示和鼓励的意味。试想一下,上司在"教训"下属的时候,下属极力辩驳,以为这样可以为自己辩白,推脱责任。这只会让上司更加恼火,上司认为你错了,你却反其道而行之,上司会认为你不尊敬他,这样的员工会让上司喜欢和信赖吗?相反,如果在上司"教训"的过程中,员工心甘情愿地低头接受教训,同时眼睛没有随意飘动,姿势始终保持如一,即便真的有错,上司也会原谅你。

如果在上司教训的过程中,要把被指责事项逐一复诵,并尽可能地陈述善后对策和改善方法,诚恳地请求上司给予指导。在弥补错误的过程中,对上司的训示加以感谢颂扬,相信你的上司一定会飘飘然。

一个员工能接受教训,理解自己的苦心,且积极地谋求改正,还对教训心存感谢,这是再高兴不过的事情了。在这一瞬间,上司深切地感受到了自己的价值,并且得到指导别人的成就感和满足感。相信上司对你以往的过程不但没有留下坏的印象,反而会因为你的认错态度对你心生好感。

如果一个员工在面对上司的教训时,表现一副很不耐烦的态度,或者极力进行反驳,不仅无法避免上司对你的教训,还有可能招惹上司的厌恶,一点好处也没有,更有甚者,会当着其他下级的面,自恃有理与上司大声争论,面红耳赤,结果可想而知。虽然说宰相肚里能撑船,但也仅仅限于宰相而已。

其实,一切问题的关键是一种心态,面对上司的训斥时,自己的心情要保持冷静,既然已经斥责了,可以不道歉,但是一定要老老实实地听听上司的教训,这才是下属的可爱之处。何况,别人指责你的缺点和错误时,要善于自我反省,你这样做才能得到进步。

职场之中,学学乌龟的处世哲学,才能在职场之中走得更稳。

同样,在社会生活中,具有乌龟式人际性格的人,朋友较多,也不容易有人际关系问题,即使对他有敌意的人最后都成了他的朋友。

要知道,乌龟的软弱和退缩也是一种无形的力量,这力量大无边际,能胜过任何硬性的进攻。只懂进攻而不懂退缩,只会强硬而不会软弱的人绝不是真正的智者,倘若胜出,也只能是一位遍体鳞伤的胜利者。

008 没话也要找话说,避免冷场

与陌生人的交谈中,经常出现尴尬的局面,表现为双方无话可说了,场面僵持,气氛尴尬。无话可说的情况,有时候是因为一方对另一方说话的内容根本不感兴趣,有时候是因为我们说的意思和对方的理解有偏差,更多的时候是因为交流双方缺乏在某些特殊情景下的沟通技巧。

不管是哪一种情况出现,都不利于双方进一步的沟通。良好的沟通需要沟通双方在适当的时候分别扮演发送信息者和接受信息者的角色。所谓一个巴掌拍不响,交流是两个人的事情,所以你不能指望等着对方为交流负起全部责任。

沟通的过程中,需要避免尴尬,学会掌握一定的技巧,避免这种情况的出现。

如何打破这种尴尬,成为求人办事的高手,首先必须掌握善于没话找话的诀窍。

打破尴尬,没话找话说的关键是要善于找话题,话题作为双方初步交谈的媒介,是深入细谈的基础。没有话题,谈话是很难顺利进行下去的。

究竟怎么样找到好话题呢?

好话题的标准是:至少有一方熟悉,能够连续地说出一些关于所熟悉的信息;双方都比较感兴趣,爱谈;有展开探讨的余地,好谈。

一、话题要体现出个性化

说话的主题要具体,要个性化,多用你自己的话,而不要用书面语,不要说套话,不要泛泛而谈或老生常谈,这种才能吸引对方的注意,吊起对方的胃口,从而打破这种尴尬的气氛。

二、边谈边琢磨对方的心理

沟通的过程中,把注意力集中在此时此刻的事情,注意到你在说什么,你在想什么,你此时的立场是什么,对方又在说什么、想什么,他是怎么样的一种立场,你们之间在做什么。即便你们的话题是涉及过去、未来或者其他人,你也要在交谈中捉摸对方的心理,特别要注意的是对方的情绪,它往往是无话可说的罪魁祸首。

三、不要轻易做出判断

不要轻易地对某事某人做出道德判断或价值判断。只有在你确实需要做以上判断时再做判断,因为即便这些判断不是针对对方的,也会让他们不舒服。每个人都有一些不安全感和内疚感,没有人需要太多的判断和批评。如果你确实要发表一些批评意见的话,你最好是以严肃的专家的姿态或值得信任的朋友的姿态说话,这才会让对方愿意和你交流下去。

四、借用新闻或身边的材料

时下的新闻或者某些国际事件是很好的话题,巧妙地借用这些新闻时事为题,借此引发交谈。同时还可以借助对方的姓名、籍贯、年龄、服饰、居室等,即兴引出话题,常常会收到很好的效果。"即兴引入"法的优点是灵活自然,就地取材,其关键是要思维敏捷,能做由此及彼的联想。

五、需要注意提问的方式

职场沟通的过程中,与陌生人交谈,先提一些"投石"式的问题,在略有了解后再有目的地交谈,便能谈得更为自如。如"你在哪儿高就?""您孩子多大了?"等。

六、找到共同爱好

问明对方的兴趣,循趣发问,能顺利地进入话题。如对方喜爱足球,便可以此为话题,谈最近的精彩赛事、某球星在场上的表现以及中国队与外国队的差距等,这都可以作为话题而引起对方的谈兴。引发话题,类似"抽线头"、"插路标",重点在引,目的在导出对方的话茬儿。

七、别和感觉争辩

每个人都每件事都有自己独特的感觉,对大部分人来说,感觉就是事实,你的朋友可能和你的感觉不同,和他们的感觉争辩你永远也赢不了。如果他们是感觉型的人的话,你只有去寻找你们的相同点。

八、别忽视交流的目的性

看看在交流中你究竟想得到什么东西,毕竟目的性很重要,也许你不仅仅希望控制别人的行为。我们经常会想赢得一场谈判。这个场合中,谈判双方会各执一词,去争取各自的利益,幸运的是,这种利益并非是相悖的,而是双方互赢才是重点。

职场沟通的过程中,学会一些交际的技巧,避免场合的尴尬,实现沟通的目的。

第八章
捉摸客户心理,实现互惠互利

001 沟通中的开场白一定要精彩

沟通的过程中,开场白非常重要。开场白,顾名思义,就是一开场所说的话,放在所有沟通过程中最前面的话。人与人见面第一印象十分重要,开场白同样如此。

俗话说"好的开始是成功的一半",好的开场白可以营造积极的基调,反之,不好的开场白会影响沟通的顺利进行。

美国社会学家豪森说:"最难的是开场白,就是第一句话,如同在音乐上一样,全曲的音调,都是它给予的。平常却又得花好长时间去寻找。"

豪森的这据话包含两层意思:

第一,沟通的第一句话至关重要,它的作用如同音乐的"定调",规定着"全曲"的基本面貌和基本风格;

第二,第一句话不能轻易地说出口,一旦开口就为后来的沟通定下了基调,需要仔细斟酌。

沟通的开场白应达到以下几种目的:拉近距离,建立信任,引起兴趣,为下面的整个环节的沟通做好准备。

波尔金是一位报社记者,想拜访英国首富罗曼·阿布拉莫维奇,阿布拉莫维奇拥有庄园、城堡、乡间别墅、超级游艇、私人飞机等,同时还是世界上最奢侈的富翁之一。

经过波尔金的几次诚恳的约见以及依靠自己的人脉关系,终于得到了阿布拉莫维奇的公关副总裁卢森·卡特的允许,对方给他安排了一个会面时间。

波尔金拜访他的目的并不只是想写一篇简单的报道,他希望这位最奢侈的富豪能允许他撰写一本有关他个人传记的书籍。因为要写成此书,波尔金必须要亲自访谈阿布拉莫维奇,以获得他本人的认可和支持。

终于见到了阿布拉莫维奇这位富豪,在与他见面后,波尔金起身以最谦卑、最诚挚的声音说道:"尊敬的阿布拉莫维奇先生,我今天十分荣幸地在这里和你交谈,你是我们国家历史上最有实力的一个大人物。当我还在上中学的时候,便对你仰慕不已。上世纪末,你只花了西伯利亚石油公司实际价值8%的价钱,便买下了这一俄罗斯第五大石油公司80%的股份,同时拥有世界上第二大铝生产厂50%的股份,甚至还拥有俄罗斯国家航空公司俄罗斯民用航空26%的股份。你的经历确实独特而充满传奇色彩,你的豪华生活更让人津津乐道。"

波尔金知道这一番话听起来文腔十足,但是十分见效,因为他察觉到低调的阿布拉莫维奇一直在盯着自己,似乎对他接下来要说的充满了兴趣。

他接下去说:"今天能在此和你进行交谈,的确是我事业生涯中最精彩的时刻。毕竟,你肩负的是一个几十亿美元跨国企业的未来。今天,你将宝贵的时间交给我,所以我要告诉你我要着手进行创作关于你个人神秘的创业发家史的巨著,是有关你传奇的历史,以及现今你继续进行的传奇。"

"所有关于你的重要决定都是理智而充满智慧的,因此对我这本书的认可便成为你最容易的小决定了。事实上,与其他一些真正的大决策相比,这无疑是一件最容易决定的事情。"

波尔金继续说道:"我真的很高兴你今天能接见我,因为在20分钟后我走出这里时,我已经知道你的决定是什么了。这正是我对你的仰慕所在,从第一眼看到你,我脑中许多关于你传奇的疑问已经有了答案,但这些还只是鸡毛蒜皮,一个传奇人物的智慧绝对不是一个人能凭借眼睛去了解的。"

波尔金紧接着逐章地说明这本书所要写的内容,这项解说耗费了10分钟。

在他回答完数个问题之后,一直沉默的阿布拉莫维奇说话了:"我看不出我不放手让你写这我个人自传的理由,你可以开始写作这本书了。"

当公关副总裁卢森·卡特走出办公室的门之后,他对波尔金说:"如果我没有亲眼看到的话,我实在不会相信。我真的不认为在这次的交谈中,你的书会有任何机会能获得通过。我恭喜你完成了一项了不起的推销工作。"

开场白要有引人入胜、一鸣惊人的效果,你的话能成为大家的焦点,那么你的目的就能很快达到。

从波尔金的例子可以看出,开场白要达到的目标就是吸引对方的注意力,引起客户的兴趣,使客户乐于与我们继续交谈下去。所以在开场白中陈述能给客户带来什么利益就非常重要。

可要陈述利益并不是一件容易的事,这不仅仅要求掌握对方的详细资料,还要能够切合对方的心理,这才是关键所在。

开场白如何吸引对方的注意力,有两种常用的方法:

一、提及客户现在可能最关心的问题;

二、赞美对方,但需要掌握一定的度,如果言过其实,效果就差远了。

需要注意这两个方面,基本上开场白就能够定下融洽的基调。

当然,还有一个重要的方面,在与客户交谈的时候,一定要以积极开朗的语气对客户表达问候。

002 如何用妙语挑动客户需求

职场中,一个好的业务员员,一定要注意攻心术的运用,而成功的攻心术,是走进客户的心理、沟通成功必不可少的一个方面。也就是说,作为一名业务员,要成功攻心,必须懂得见什么人说什么话。

有一则笑话是这么说的:
一位秀才去街市上买柴,为了显示自己的秀才身份,对一个担柴的人,说:"荷薪者过来。"卖柴者听懂了"过来"二字,知道有生意上门,于是乐呵呵地把柴担到他面前。秀才问:"其价如何?"卖柴者听懂了其中的一个"价"字,所以马上说了价钱。秀才又说:"外实而内虚,烟多而焰少,请损之。"卖柴者因为听不懂对方说什么,奇怪地看着面前的这个人,说:"你不买柴让我过来干吗?"生气地挑着柴而去。

这则笑话所述的买卖过程,也算是一次小小的沟通。而其中的秀才,因不看具体交际对象的程度,说话一味地"之乎者也",结果变成鸡同鸭讲,不但买不到柴,反而被人家当成神经病。

再举个例子:
商场内摆放着各种各样的工艺品。

一个法国人走进来，长时间地注视着展示柜中的工艺品，店员看到后，觉得这个法国人是想购买这些东西。

于是她就挑了一件这位法国顾客看得时间最长的工艺品递给他，法国顾客点点头接在手里，可是目光还在游移着。

最后，客人又拿起一对稍微小一点的景泰蓝花瓶端详着，这位店员就用英语为地介绍：

"先生，这件很不错，也比较便宜。"

谁知话才说完，法国顾客朝她看了一眼，马上放下花瓶，道了声谢，笑了笑立即转身而去。

这举动让店员感到莫名其妙。后来经翻译人员指点，才知道是"便宜"这两个字"赶走"了法国顾客。

原来，在法国人心里，认为买便宜货有失身份。因为店员对自己的说话对象不够了解，才会错失商机。

事实上，语言的附加意义，有时候要比语言本身更有力量。

美国有一位推销员巴恩斯，有一次为了推销一套可供一座多层办公大楼用的空调设备，与一家大客户周旋了几个月还是无法谈成，然而，购买与否的最后决定权，还是握在客户手中。

有一天客户通知巴恩斯，要他再一次将空调系统向客户们介绍。

巴恩斯强打起精神，把不知讲过多少遍的话又重述了一遍。但对面的这些谈判者反应冷淡，只是连珠炮似地提了一大堆问题，用外行话问内行人，似乎有意刁难。

这时巴恩斯心急如焚，眼看几个月的心血就要付诸东流，他浑身发热。

这时，他忽然想到"热"这个妙计。

突然间，他不再正面回答客户的问题，而是很自然地改变了话题。他泰然自若地说：

"上帝！今天天气还真热，请允许我脱去外衣，好吗？"

说罢，还掏出手帕，煞有介事地擦着前额渗出的汗珠。

就这样，他的话、他的动作立刻引发了谈判者的连锁反应，或许这是一种心理暗示作用,客户似乎一下子也感受到了闷热难耐,一个接一个地脱下外衣,又一个接一个地拿出手帕擦汗。

这时,终于有一位谈判者开始抱怨说:

"这房子没有空调,闷死了。"

就这样,客户再也不需要巴恩斯推销,自动地考虑起空调的采购问题,拖了几个月之久的买卖,竟然在短短十分钟内令人不可思议地获得了突破性的成功。

很显然,真正的关键在于巴恩斯及时抓住了问题的重点,恰到好处地利用了环境提供给他的条件,并运用语言的附加意义或暗示法,让他的话产生了极大的说服力。

巴恩斯的例子,可以说是运用语言附加攻心术的成功实例。

所谓"拒绝的语言技巧"并非硬要将客户拒绝的理由加以反驳扭转,客户之所以会拒绝购买,主要还是心理的作用,因为不够了解商品,所以在沟通之后若无法马上成交,利用巧妙举例有时能起到很好的效果。

有一位著名的冰球运动员,在保险公司推销员的眼里,他是一个难于攻破的客户,因为他对保险、投保之类的事,根本就不感兴趣。

有位销售人员却攻破了这个堡垒。他推销保险时的做法的确别出心裁,他没对保险好处进行宣传,而是对冰球运动表现出极大的兴趣,洗耳恭听对方大谈冰球。他的倾听,他的赞扬,他的问题以及他的简短的议论,都给这位职业球手留下了深刻的印象。

在一个适当的时候,他向球手提出了一个关键的问题:"您对贵队的另一位运动员肖恩的评价如何?"

"肖恩?正是有了他,我才能放手去拼,因为他是我的坚强后盾和依靠,万一我的竞技状态不佳,他可以压阵。"

"请原谅我打个比方,您想过没有,如果把您的家庭比作一个球队,您家里也应该有个肖恩。"

"肖恩?谁?"

"就是您。"这位业务员说,"您想想,您的太太和两个孩子之所以能无忧无虑地幸福生活,就是因为有了您,您是他们的坚强后盾和幸福的保证,所以您好比是他们的肖恩。"

"您的意思是……"

"请原谅我的坦率,我是说人有旦夕祸福,万一您有个不测,我们就可以帮您,帮您的太太和孩子一下。这样,您就更可以放心地驰骋球场,无须后顾之忧。所以,从这种意义上说,我们也是您的肖恩。"

至此,那位冰球运动员才想起他的身份,然而他已经被感动了,因为他用形象的比喻使这位运动员深刻地领会了他的人身保险与他家庭幸福的关系,这场生意当场就成交了。

利用生动而又切合客户心理、客户容易理解的比喻来说服客户,远比讲一通客户不愿听而又听不懂的长篇大论有效。

003 让对方得意，自己才能得益

职场中的一些沟通高手都深谙一种得意心理的作用，人在得意的时候，容易忘形，很多卡在心坎的问题在得意心理面前，都安全地趟过了心坎。

与客户沟通的过程中，多谈一谈对方的得意之事，这样容易赢得对方的赞同。如果运用的好，效果肯定会截然不同，在对方得意的心理下，很多问题都会迎刃而解，同时还会对你心存好感。

英国著名建筑师大卫·奇普菲尔德在建筑新的弗柯望博物馆的过程中，曾发生过这样一件有趣的事情。

奇普菲尔德公开招标这个建筑物的材料，为承接这批建筑物的材料，许多供货商展开了激烈的竞争。但是，找奇普菲尔德谈生意的供货商无不乘兴而来，败兴而归，一无所获。

主要原因是设计新的博物馆时，遇到了一些问题，让奇普菲尔德非常懊恼。在这种情形下，一个平时名不见经传的推销商哈里森，前来会见奇普菲尔德，希望能够得到这笔价值百万美元的生意。

奇普菲尔德的秘书在引见哈里森前，就对哈里森说："我知道您急于想得到这批订货，但我现在可以告诉您，如果您占用了奇普菲尔德先生三分钟以上的时间，就注定你会失败。他是一个性格执拗的大忙人，所以您进去后要快快地讲。"哈里森微笑着点头称是。

哈里森走进奇普菲尔德的办公室后,看见奇普菲尔德正埋头于桌上的一堆文件,于是静静地站在那里仔细地打量起这间办公室来。

过了一会儿,奇普菲尔德抬起头来,发现了哈里森,便问道:"先生,有什么事情吗?"

这时,哈里森没有谈生意,而是说:"奇普菲尔德先生,在我等您的时候,我仔细地观察了您这间办公室。我本人长期从事室内的装修设计工作,却从来没见过装修得这么精致的办公室。"

奇普菲尔德回答说:"你提醒了我差不多忘记了的事情。这间办公室是我亲自设计的,当初刚建好的时候,我喜欢极了。但是后来一忙,一连几个星期我都没有机会仔细欣赏一下这个房间。"

哈里森走到墙边,用手在木板上一擦,说:"我想这是我国的橡木,是不是?意大利的橡木质地不是这样的。"

"是的",奇普菲尔德高兴得站起身来回答说:"那是在本国生产的橡木,是我的一位专门研究室内橡木的朋友专程去本国最大的生产商为我订的货。"

奇普菲尔德心情极好,便带着哈里森仔细地参观起办公室来了。

他把办公室内所有的装饰一件件向哈里森作介绍,从木质谈到比例,又从比例扯到颜色,从手艺谈到价格,然后又详细介绍了他设计的经过。

此时,哈里森微笑着聆听,饶有兴致。他看到奇普菲尔德谈兴正浓,便好奇地询问起他的经历。奇普菲尔德便向他讲述了自己苦难的青少年时代的生活,母子俩如何在贫困中挣扎的情景,以及自己打算为社会所作的巨额的捐赠……哈里森由衷地赞扬他的功德心。

他们两个人一直谈了四十多分钟。

在谈到建筑材料时,哈里森说:"这种材料也属于我们供应范围之内,是一种优质、高档的装饰物。"

奇普菲尔德说:"的确如此,如果你供应的材料没有质量问题的话,我非常乐意与你合作。"最后,哈里森不但得到了大批的订单,而且和奇普菲尔德结下了终身的友谊。

为什么奇普菲尔德把这笔大生意给了哈里森,而没给别人?这与哈里森的口才很有关系。如果他一进办公室就谈生意,十有八九要被赶出来。

哈里森成功的诀窍,就在于他了解攻心对象。他从奇普菲尔德的办公室入手,巧妙地赞扬了奇普菲尔德的成就,谈得更多的是奇普菲尔德的得意之事,这样,就使奇普菲尔德的自尊心得到了极大的满足,把他视为知己。这笔生意当然非哈里森莫属了。

职场与客户沟通的过程中,围绕着客户为中心,让客户引出自己的得意之事,在对方滔滔不绝地演讲时,你只需要做个听客,在适当的时候,不吝惜自己的赞美。相信对方得意之后,你就受益了。

004 与客户交谈的时候,记得常用"我们"开头

张强和客户在谈判的过程中,因为一些问题在原则上无法达成一致,谈判陷入了僵局。

为了打破这种僵局,张强和客户开始了闲聊。

"你好,虽然你是女士,而且在我们公司从事财务管理工作,不仅将财务管理得非常好,在谈判方面也很有能力。今天能和你成为对手,我很荣幸。"张强开口说道。

"你怎么知道我是做财务的?"

"漂亮而且有能力的女士无论走到哪里都会像黑暗中的萤火虫一样,闪闪发光,这种优秀是掩盖不住的。"张强用周星驰的方式幽默了一把。

张强幽默的方式立刻引起对方的好感,他们通过闲聊知道,原来他们是老乡,客户叫刘青。

"家里最近发生了水灾,亲人都遭受到了灾难。"张强有点担心地说道。

"我们家乡最近是发生了水灾,但是有那么多好心人的帮助,我们的亲人一定能克服困难,重建我们家乡的。上次我们公司还组织了一次捐款活动,最后通过我们财务部门捐出去的。"

张强几乎每说一句话的时候都要用"我们"两个字,这让刘青找到了亲人的感觉,这次的业务也峰回路转,最后成功谈成了这笔业务。

事例中的张强面对着对手刘青,成功地运用了一个词汇拉近了彼此的

距离——"我们"。

别简单地看这两个字,生活中的每一个人都希望身边的人将自己能够融入别人的生活中,要融入别人生活的前提,是别人要把自己当做他们的一部分。当别人说"我"的时候,你会有何感想?你会认为他们将你排斥在外,你不属于他的圈子的一分子,但是如果他说"我们",无形之中你会对这个人有莫名的好感,因为他能够说"我们"就是将你作为他的利益所有者。

人际交往大师卡耐基在《卡耐基为人处世学》中说道:"和别人说话时,多说'我们'少说'我'。"主语是"我",说明是你一个人的事情,无关乎大家的利益,大家可以不必听你接下来要说的事情,因为不论你怎么说,大家都可以避而不谈。一个"我"已经将所有人排斥在自己的之外,你排斥的人越多,你只会越孤立,孤立到尽头,你就是孤立无援。

如果你在和客户交谈的时候,开始的时候使用"我们",顷刻之间就可以拉近你和客户的距离,就算是两个立场对立的人,在听到"我们"两个字的时候,也会对你有一种亲切感。"我们"代表的不仅仅是你个人修养方面的体现,还代表你和听到这两字的人有着共同的利益,处世中是什么人拉近了彼此的距离?又是什么让彼此成为朋友?是利益。有一句格言说"没有永远的敌人,也没有永远的朋友,只有共同的利益"。

小赵和小孙同是一家化妆品的推销员,两个人都很努力,但小孙的业绩一直高居榜首,而小赵的却恰恰相反,每天奔东走西,勉强能达到公司的要求。每次发薪水的时候,看到小孙能拿到超过自己几倍的工资,小赵只有羡慕的份。小赵就想知道小孙为何会有这么好的业绩,就利用休息的时候,请小孙吃了一顿饭,请小孙传授点秘诀。小孙说:"和客户沟通的时候,出来要有基本的微笑礼貌以及推销的基本服务规范之外,还要记得多用'我们'。"

小赵很不理解。

小孙继续说:"我们推销商品的时候,不要说'你的皮肤因为什么缘故而变得这样子'而应该说'我们的皮肤因为什么缘故而变成这样……'"。

一顿饭的交流,让小赵受益匪浅。

的确如此,当我们在为人处世的过程中,多用"我们"开头,拉近彼此的距离,消除彼此的距离感,不仅是你个人品质素养的体现,还是社交场合中重要的一环,不可忽视。

并非在任何场合都可以使用这个词汇,有时反而会起到反作用。如:有一天,你去拜访你的老朋友,不管你和你的老朋友有多少年的交情,有多么深的交情,这句话就是不能说"好久没有见到我们的老婆了,发现我们的老婆比以前更漂亮了,还有我们的孩子,已经长大了"之类的话,这些话说出来之后,后果一定是非常严重的。

职场与客户沟通的过程中,学会点攻心术,多说"我们"少说"我",拉近自己与客户的距离,让客户成为你的朋友,成为可以给你带来共同利益的朋友。

005 妙语连珠，巧言应对你的客户

在职场上，总会接触到各式各样的客户，他们的能力、态度、素质、风格和行事的方式是截然不同的。面对各种客户，想要取悦客户，就需要学会运用多种方法去应对。

小涛作为一个业务员，经常能够遇到各种各样的客户，让他疲于应付。比如，经常遇到这样的客户，在小涛刚刚开始说话，对方就直言对小涛说"你别说了，我可要走了"，让小涛非常受打击。为了把握住机会，小涛会说："你还是考虑一下吧？错过了今天，明天来了别后悔呀，到明天，或许价格就涨了呢？你没看见这几天货是一天比一天价格高吗？再说我这商品又不错，您也喜欢，何必走呢，来，咱们好好商谈一下，怎么样？"

尽管这样，但效果不大，有的还会招致客户的反感。

这类客户大多数是生意场上的老手，特别不好对付。他们这么说之前会提出一个条件，如果你不答应他的条件，他就会说"我要走了"的之类的话，用来对你施加压力。

他认为这样施加压力后，你会答应他的苛刻条件。

对于这类客户不能太让步。因为你太让步，他就会抓住你的弱点，使你吃一个大亏。

对于他们只能据理相争，但也要给他一个台阶，让他从不买这个台阶上下来。对这类客户，既应当有礼貌，又不放他走，这就需要用话把他说服。

像事例中的小涛那样，根本不会有什么作用，正确的做法是这样的：

先生，请留步！耽误你一分钟的时间，你现在没决定购买我的商品，是不是对我的商品有什么顾虑？是不是我的商品质量有疑问呢？还是觉得包装不适合你的口味？或是这些商品你觉得你可要可不要？是哪一条呢？

这样一来，客户为阻止你继续问下去，就会把自己的真正理由说出来，找到了问题的根源，就可以根据根源采取针对性的策略，就可以解决问题了，使交易顺利进行。

生意场上，还会经常遇到这种客户，犹豫不决，没有主见。具体表现为做事都没主见，总是依赖别人，依赖他所信任的人。他们犹豫不决，别人说好，他就会表现的很热情，别人说不好，他就会表现的很冷淡，似乎是一个没有主见的孩子一样。

对于这种客户，他们总希望与一个有主见的，且可信任的人商谈一下，给他个意见，然后他才去做某件事。

根据这一点，你首先要做的就是取得他们的信任，经过谈话等方式拉近你们之间的距离，然后再询问他们"要不要"。这样就为后面埋下了"信任"的伏笔。

由于你对于这类客户来说是有主见的、可信任的人，他就会听从于你的意见，这样就有可能成交了。

你可以这样说："先生，这些商品就在您的眼前，您又觉得很满意，为什么要和别人商量呢？难道还有人比您更加清楚我的商品，以我之见，您就开个订货单吧！您觉得怎么样？"

说话的时候，语气尽量要干脆直接，别出现有选择的情况让他选择，不然本来就非常犹豫的对方，在面临选择的情况下，就更加犹豫了。

还有一些潜在客户非常健谈，他们说话没有一个固定的主题，使你找不到确定的感觉，其实，他们绕过来绕过去无非是一个目的：用尽可能少的付出换他们想要得到的东西。

对付这种客户的方法是围绕着中心,利用自我。引导谈话向你产品的功能方面发展,给他机会让他自己向自己推销,你则作一个热情的听者,不到长得不得了时不要打断他,而且打断他时要顾全他的面子,然后用这种方法使他的思想回到交易上来,利用客户强烈的自我意识排除困难,在销售过程中得心应手。

对付一些看起来比较沉默的客户,尽管你一直在尽力地介绍自己,可对方却不回答你,只是看着你。这是很麻烦的,但是只要你运用的方法得当,就可以轻而易举地打破对方的沉默。

方法就是利用对方的虚荣心。

小英有一次遇到一个非常沉默的人,尽管小英费尽口舌地对客户介绍,但他似乎根本没有什么反应。为了撬开对方的嘴巴,小英说:"我如果崇拜一个男人的某一方面的话,那绝对不会是夸夸其谈。当我和你在一起时,我感觉是和一个思考者在一起,沉默是金。"

对方笑了笑,开口说:"我宁愿闭上嘴,被人认为是哑巴也不愿那样夸夸其谈。"

接着对方围绕着小英的商品开始谈论。

可能具体的方法在某个人身上起作用的效果并不相同,也并不一定适用于所有人,但道理是一样的。如果你使客户感到自己被当成焦点人物,他就不会再保持沉默,要鼓励客户放下面具,实现自己的目标。

职场中,面对不同的客户要采取不同的方法,没有说服不了的客户,只有没有能力的员工,摸清楚客户的心理,采取攻心术,成功实现预期的目标。

006 征服客户的心理策略

职场中,和客户沟通的方式多种多样,但结果都是要征服客户,实现预期的目标。征服客户的策略无外乎有这么几种:

一、感情策略

人是有感情的动物,也是最珍视感情的动物。在人与人的接触和交往中,感情是沟通的桥梁和纽带。

在与客户沟通的过程中,也可以采取这种策略。首先要创造一种平和、温暖或是热情、诚恳的气氛。有人说,再雄辩的哲学家也不能说服不愿改变看法的人,唯一的手段是先使他的心变软。其道理就在这里。在说服对象抵触情绪比较重的情况下,先让他们发泄一下是对的。发泄不只是情绪的宣泄,而且,可以让他们在原来的路上往前走得更远。这时,因为事情已经过火、过头,也因为走得越远,错误越容易暴露,他们自己便会意识到自己的错误。这样,自己就把自己说服了。

二、先顺后逆,先退后进

心理学有个"名片效应",是说与人接触,先要向人家介绍自己的情况,让人家了解自己,取得信任。心理学还有个"自己人效应",是说与人接触,要取得人家信任,就应该先让人家认可你是他的"自己人"。我们采用这种先顺后逆的说服方法,确可以消除对方的对立情绪,拉近双方的心理距离,引出认同感。

当两个方面对立起来的时候,再在对立的观点、认识上说服,就很难收到效果了。但是,你转换一下思维的角度,取其可取之处、可扬之光加以肯定,先转化对方的心理和情绪,然后再进行理性说服,这就容易有效果了。

先退后进是说,要先按被说服者的思维线路和行为途径往前推,一直推到错误处,以此得出结论——此路不通。这样,站在对方的思想和行为的角度说理,就容易被接受。

三、激发动机

美国的门罗教授提出了一种激发动机的五步法。一是引起对方的注意,主要是要善于提出问题。二是明确你需要什么,把说服对象引到他自己的问题上。三是告诉你怎么解决,拿出具体的解决办法。四是指出两种前途,即是不同的两种结果。五是说明应采取的行动,这便是结论。这种方法实际上也是站在对方立场上,说服对方,是从对方的动机出发,先在动机上寻求一致点,再以求同存异。

四、寻找沟通点

这即是如何引起对方注意、善于提出问题。实际上,无论在心理上、感情上,还是在生理上,我们都可以找到双方的共鸣之处,即沟通点。共同的爱好、兴趣,共同的性格、情感,共同的方向、理想,共同的行业、工作等等,这都是很好的沟通媒介。事情往往是这样的,对方哪怕是向我们这方迈过一小步,他们的立场、态度、认识,都会发生显著的变化。

五、归纳法

这是一种提供多种事实,让对方自己去分析、归纳的方法。对有对立情绪的人,采用只提出事实,不给结论的方法,容易被接受。

六、对比法

摆出正反两个方面的事实,让对方自己去判断是非曲直,或让他们跟着我们一起去判断对错。这也是一种好方法。

七、心理换位法

我们站到对方的位置上,或使对方站到我们的位置上。这样容易相互理解、体谅。有一句话:"挤上车的人往往会改变态度"。这话是有道理的。

八、以大同求小同

在具体问题上发生分歧,把问题停留在具体问题上,事情往往不好解决。如果把这个问题挪到相关的问题,如目标、理想,这样的高层次上,我们就容易找到共同点。自然,有共同点,又是大共同点,统一认识、看法,也就好办了。

九、利用兴奋点

就是利用人们最关心、关注,引起人们兴趣、兴奋的事情,把这些事情和我们要说的事情联系起来,以此激励、刺激人们的理性、心理,以便获得说服的效果。这需要我们开动脑筋,善于寻找那些确能使人兴奋的事情。

十、拿出权威的数字

心理学有个"权威性偏见",是对权威产生的一种过分崇拜的评价性偏见。人们听到、看到权威的,往往是闪光的东西,并不了解它的另一面,所以会产生盲目性。问题是,人们并不很清楚这一点。你用权威的话说,人们就信服;你拿出权威的数字,人们就很少提出疑义。这样,在一定的条件下,适当引用权威的语言或材料,也能起到说服的作用。比如,"事故多发地段,请注意安全"和交警提醒您"这里一个月有3人死于车上"显然,后者的作用会大得多。

管理学上有一句名言:"到用户那里五次,他就会购买。"这是说推销商品的。日常的说服也是这样,锲而不舍,不断谈心,或不断灌输,这也会有收效。不间断的工作,这即是一种表示,又是一种愿望,还是一种压力,一般人是很难抵御的。

007 用幽默感打动客户

职场中,语言或行为的幽默是一项重要的沟通艺术,这也是衡量一个人能力素质的重要表现。在与客户的沟通中,如果在言谈举止方面,语言和行为有较丰富的幽默感,就会具有独特的社交风度与魅力,和客户之间的距离就会在一瞬间达到和谐相处。

与客户沟通的过程中,是利益互相交换的场合,也是一个比较严肃的场合,如果能够用幽默的方式去面对这种严肃的场合,会取得事半功倍的效果。

那么,如何才能具有幽默感呢?

做到幽默感,要求做到具有一定的文化知识和思想修养,和客户的交往中要尽量使自己轻松、洒脱,平时要注意培养自己生动的表达、活泼的形象。

幽默,能够化解沟通中的矛盾与尴尬。

美国幽默大师、作家马克·吐温曾经遇到这样一件事。

有一次,出版社的人到马克·吐温家里去交谈,由于业务较多,他又和客户进行了很长时间的闲谈。他妻子等他很不耐烦,大喊大叫后仍无济于事,愤怒中的她将一盆水泼到马克·吐温的头上。这一幕让现场所有的人目瞪口呆,不知道该怎么办。

这时马克·吐温并没有发火,而是高兴地对客户说:"我早就预料到,雷声过后就是倾盆大雨。"

幽默的语言,逗得客户们捧腹大笑,他的妻子也不好意思地低下了头。

调侃式的幽默使平凡的事情变得富有情趣,是呆板生活中的调味剂。

有一个故事说一个棋迷,棋艺虽然不高,但爱棋如命,与别人下棋屡战屡败,但屡败屡战。有一次,他和别人下棋归来,有人问他战果,他回答说:"第一盘棋我没赢,第二盘棋他没输,第三盘我没有让他,杀得十分激烈,最后,我说和了算了,他还不肯!"这种死爱面子的调侃让人捧腹,却不讨厌,语言中透出一股调皮的可爱。

幽默风趣在职场沟通中起着一种润滑剂的作用。

首先,幽默是自信的表现,是能力的闪光,它综合地反映着说话人的思想、能力、气质、心境等等,使其语言形象,独自魅力。其次,幽默是对方情绪的降压灵、镇静剂。

在交谈中,我们有时情绪会波动不安,特别是有时会使对方产生抵触情绪,甚至弄僵人际关系,而恰当地使用幽默的语言则往往会避免发生不愉快的事情。再次,幽默是说话气氛的缓和剂。在说话、交谈时,人们总难免会处于尴尬的气氛之中,这时,幽默的语言能使局促、尴尬的气氛变得轻松、和缓。

在职场沟通场合,当你看穿客户的想法时,不妨神色自若然后轻松地使用幽默力量。

在一次谈判中,小李作为其中的一员参与其中,谈判的双方都很严肃,针对合同上的细节部分反复磋商。

对方的谈判负责人是个非常干练的女性,小李对其中细节的询问使她略生反感。小李觉察到了,幽默地说:"这和结婚登记签名一样的重要,一定要仔细斟酌,不然嫁错了人,是一件非常麻烦的事情。"

这一句话顿时让谈判的气氛缓和了很多。

可见,尽管是个严肃的场合,也是处处都有幽默,幽默的力量在交往中或说话中时时都能展示魅力。不论在交往中还是在生活中,幽默都能帮你处理困难的话题和情况。当你想表达的信息是客户不希望听到的,可能是涉及客户痛处的地方,或者需要他们作较大的牺牲,或者会是客户忌讳的话题,这时幽默的力量就会发挥它的作用。它能给说话者力量,使客户免于受到痛苦情绪的威胁,解除他们对禁忌话题所产生的不安和紧张。幽默可以造成一种轻松的氛围,使客户置身其中,放松神经,舒展情绪。

虽然幽默不能使人从矮变高,或从胖变瘦;也不能帮人付清账单,寻找食物;更不能使客户轻易答应你的条件,或在你悲伤的时候使你快乐起来,但是,幽默的人生,确实是其乐无穷。

如果你有有趣的思想,轻松地面对自己,你便会发现自己可以更好地与客户相处。你也会发现幽默能帮你用宽容的眼光去看待客户的某些不足之处。

以笑来面对日常生活中足以引起我们不快的小事情,不快的情绪会随之消失。借助笑的分享,你就可以把琐细的问题摆在它适当的位置,看到它和你整个生活相比就显得很小了。你也会因此提醒客户,这有助于他们轻松地面对事情,你会使他们重振精神。

任何足以使你休闲生活充满生气的消遣活动,都可以拿来作为幽默的题材。幽默可以使你为客户制造更好的气氛,并增进你个人的情绪和自我形象。

008 避免与客户发生争执

职场中,有这样一种说法:争吵解决不了问题。

世界上最大的零售商沃尔玛,在全球各地的一线城市都拥有自己的分店,也是全球雇员最多的集团。沃尔玛集团在客户服务方面有这样的两项规定:一、绝不与顾客发生争执;二、顾客离去时,必须是满意的。除了让利于顾客的原则之外,这两条规定是沃尔玛成为全球最大的零售商的秘密。

在与客户进行交流的过程中,与客户互相讨论问题是有益的,但这种讨论不能以争执的形式表现出来。有人说,与客户沟通的过程中,难免会出现讨论的局面,在讨论的过程中,难免会发生争执。其实,讨论和争执有着很大的区别。讨论是与客户沟通中必然会出现的局面,是一种思想的交流,目的在于找出对彼此双方都公平的解决办法,讨论是要创造一个双方共赢的局面。而争执则不同,争执是试图强行改变别人观点。争执的结果,总是一方"赢"了,一方"输"了,或者双方皆输的局面。

争执总会造成一方甚至是双方伤害,即使争执的结果是你"赢"了,也可能毁掉了与对方的关系。

沟通的环节中,要极力避免与客户发生争执。在沟通的过程中,当你遇到自己与别人观点有分歧时,可遵循以下几条指导原则来解决分歧,不仅问题得到解决,同时又发展了双方的关系:

一、对双方的分歧有正确的认识

都说唇亡齿寒,嘴唇和牙齿的关系如此重要,还会出现牙齿咬破嘴唇的现象,更不用说充满利益的职场了。在职场中,双方存在分歧是十分必然的事情,但要正确的认识分歧,记住这句话:"如果双方永远一致,那么有一方是多余的。"别人向你指出没有想到的情况,你应该表示感谢。也许这种分歧可以帮你改变以前错误的观点,从而更客观地看待事物。

二、别急于辩护

沟通双方遇到分歧时,出于本能,第一个自然的反应是为自己辩护。在职场上,需要注意,要改变这种心态,每当你立即为自己找理由辩护时,你过后往往难以改变立场,你也无法使自己从对方的观点中得益。保持冷静,注意不要轻易作出第一个反应。

三、不要轻易愤怒

职场中有句话是这么说的:愤怒是无能的表现。一个人愤怒,表示对使他愤怒的事情无能为力,只能依靠愤怒来作为自己感情的载体。另外,发怒使思想交流更难,对解决问题没有任何益处。记住,一个人被多大的事情激怒,他的心胸就有多宽。

四、先听对方意见

出现分歧的状况时,给对方发表意见的机会,让他讲完为止。这不仅是一种礼貌,更能体现出一个人的修养。在客户讲话时不要抗拒对方意见,不要为自己辩护,也不要辩论,否则只会造成思想交流的障碍。要努力架起理解之桥,而不是误解之障。

五、寻找双方的共同利益作为解决分歧的突破口

利益是争执的根源,因为在利益中发生冲突,由此产生了分歧。客户在发表完意见之后,你要先总结出双方的共同点,将问题引导双方的共同利益上来,这样做能保持双方的良好关系,为找到对双方有利的解决办法打下基础,态度要尽可能和蔼、灵活。

沟通的环节中,坚持一句话:在原则问题上坚守立场,在枝节问题上灵活处理。

当然,在与客户沟通的环节中,有些不经意间的话可能会引起对方的反感。

比如,下面几句话:

1.这不是我的责任。

2.这事不属于我管。

3.这是我们的政策和规定,没办法。

4.这是你自己的选择,赖谁呀!

5.你没眼睛,问这么多干吗?

这些话千万不能轻易说出口,千万要切记。

第九章
自信心理，在职场中扬帆起航

001 第一次就把事情做对

著名管理学家克劳士比曾经说过这样的一句话:第一次就把事情做对。

职场中,第一次就把事情做对,是每一个员工个人的成功之道。第一次就把事情做对,不仅仅源于首因效应,能够在对方的头脑中形成并占据着主导地位的印象。更重要的是一种工作态度,即对错误"不害怕,不接受,不放过",这是一个人职场成功的法宝。

李林是广告公司的业务经理,曾经犯过这样一个低级的错误:

有一次,由于完成任务的时间比较紧,李林和广告部的下属们一直忙到凌晨,才算结束。结果在审核公司下属交上来的样稿时不仔细,在发布的广告中弄错了一个数字,而这个数字是非常重要的电话号码——客户服务部的电话号码被他们打错了一个。就是这么一个小小的错误,让李林和同事们一天的忙碌全部白费了,给公司导致了一系列的麻烦和损失。

不仅如此,此后的业务中,李林每次都要忍受老总一遍遍的提醒,尽管心中不快,也不敢提出来,还要看着老总不信任的眼神。

职场中,人们的口头禅就是:我很忙。平时听的最多也是这么一句话,"我很忙"。

的确,在上面的案例中,李林忙碌了大半天,结果全部白费了,不仅如此,错误纠正的过程也是一个繁杂的过程,首先要将错误的问题料理清楚,耽误的其他工作不得不靠加班来弥补。

平时,职场中的每一个人都很忙,在"忙"得心力交瘁的时候,我们是否考虑过这种"忙"的必要性和有效性呢?

假如在工作的时候能稍微认真一点,还会这么忙乱吗?

如果第一次就把事情做好,还会出现后面的情况吗?

第一次没做好,同时也就浪费了没做好事情的时间,返工的浪费最冤枉。第二次把事情做对既不快,也不便宜。

在很多人的工作经历中,也许都发生过工作越忙越乱,解决了旧问题,又出现了新故障,在一团忙乱中造成了新的工作错误,结果是轻则自己不得不手忙脚乱地改错,浪费大量的时间和精力,重则返工检讨,给公司造成经济损失或形象损失。

由此可见,第一次没把事情做对,忙着改错,改错中又很容易忙出新的错误,恶性循环的死结越缠越紧。这些错误往往不仅让自己忙,还会放大到让很多人跟着你忙,造成巨大的人力和物资损失。

所以,盲目的忙乱毫无价值,必须终止。再忙,也要在必要的时候停下来思考一下,用脑子使巧劲解决问题,而不盲目地拼体力交差,第一次就把事情做好,把该做的工作做到位,这正是解决"忙症"的要诀。

你还忙吗?当然忙!但希望是忙着创造价值,而不是忙着制造错误或改正错误。只要在工作完工之前想一想出错后带给自己和公司的麻烦,想一想出错后造成的损失,就应该能够理解"第一次就把事情完全做对"这句话的分量。

企业中每个人的目标都应是"第一次就把事情完全做对",至于如何才能做到在第一次就把事情做对,克劳士比先生也给了我们正确的答案。这就是首先要知道什么是"对",如何做才能达到"对"这个标准。

克劳士比很赞赏这样一个故事:

一次工程施工中,技术师正在紧张地工作着。这时技术师手头需要一把扳手。他叫身边的助手帮忙:"去,拿一把扳手。"助理飞奔而去。他等啊等,过了许久,助理才气喘吁吁地跑回来,拿回一把巨大的扳手说:"扳手拿来了,真是不好找!"

可技术师发现这并不是他需要的扳手。他生气地说:"谁让你拿这么大的扳手呀?"助理没有说话,但是显得很委屈。这时技术师才发现,自己叫助理拿扳手的时候,并没有告诉助理自己需要多大的扳手,也没有告诉助理到哪里去找这样的扳手。自己以为助理应该知道这些,可实际上助理并不知道。技术师明白了:发生问题的根源在自己,因为他并没有明确告诉助理做这项事情的具体要求和途径。

第二次,技术师明确地告诉助理,到某间库房的某个位置,拿一个多大尺码的扳手。这回,没过多久,助理就拿着他想要的扳手回来了。

克劳士比讲这个故事的目的在于告诉人们,要想把事情做对,就要让别人知道什么是对的,如何去做才是对的。在我们给出做某事的标准之前,我们没有理由让别人按照自己头脑中所谓的"对"的标准去做。

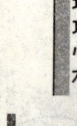

002 别为工作中的失败找借口

职场中,每个人在工作中都会犯或大或小的错误,犯了错误并不可怕,怕的是不承认错误,不弥补错误。当你面对失败时,不要寻找借口,而应找出失败的原因。

然而,职场中,当一个人犯错误之后,总是千方百计在为自己找各种各样的借口,为自己开脱,以使自己免受或少受惩罚。与其为自己找各种理由开脱,何不仔细想一想,你在为自己的失败找借口,你的上司会怎么样看你?

在他的眼里,你已经错了,而你却在找各种借口,不承认自己的错误,你在为自己开脱,就是在证明上司冤枉你了,你的借口正好说明上司是错误的,这样的结果上司能接受吗?

一个人做错了一件事,最好的办法就是老老实实认错,而不是去为自己辩护和开脱:

日本著名的首相鸠山由纪夫的人生座右铭就是"永不向人讲'因为'"。这是一种胸怀,一种人的美德,也是为人处世的最高深的学问。

常言道:"智者千虑,必有一失。"一个人再聪明,再能干,也总有失败犯错误的时候。人犯了错误往往有两种态度:一种是拒不认错,找借口辩解推脱;另一种是坦诚地承认错误,勇于改正,并找到解决的途径。

犯了错误,不肯承认自己的错误,反而找借口为自己开脱、辩解,归根结底是人性的弱点在作怪。

你认为找借口为自己辩护,就能把自己的错误掩盖,把责任推个干干净净,但事实并非如此。也可能上司会原谅你一次,但他心中一定会感到不快,对你产生"不敢负责任"、"逃兵"的印象。

你为自己辩护、开脱不但不能改善现状,所产生的负面影响还会让情况更加恶化。

汪强是一位技术员,研究生学历,有学识,有经验。

汪强应聘到一家中型企业的时候,厂长非常器重他,对他很信赖,技术方面的工作全部交给他,让他放手去干。结果,公司在技术方面却总是出现这样或者那样的问题,问题出现的根源直指汪强。每次厂长找到他,汪强都有一条或数条理由为自己辩解,不是责怪厂里原来的技术员实际操作能力不行,就是责怪厂里的机器老化,说得头头是道。因为厂长并不懂技术,常被汪强驳得无言以对,理屈词穷。

这样过了一段时间之后,厂长发现厂里的效益急剧下降,自己却一直找不到问题的根源所在,同时对汪强这个技术师不肯承认自己的错误的态度非常不快,同时由于效益很差,心里很是恼火,只好让汪强卷铺盖走人。

工作失败找借口的人除了无助于自己的成长之外,也会造成别人对你能力的不信任,这一点也是必须注意的。能坦诚地面对自己的失败,拿出足够的勇气去承认它、面对它,不仅能弥补错误所带来的不良结果,在今后的工作中更加谨慎行事,而且别人也会很痛快地原谅你。

皮尔斯是一家数码生产公司的市场部经理。在他任职期间,曾犯了一个错误,他没经过仔细调查研究就批复了一个员工为纽约某公司生产5万部高档相机的报告。等产品生产出来准备报关时,公司才知道那个职员早已被"猎头"公司挖走了,那批货如果一到纽约,就会无影无踪,货款自然也会打水漂。

皮尔斯一时想不出补救对策,一个人在办公室里焦虑不安。这时老板走了进来,他的脸色非常难看,就想问他怎么回事。还没等老板开口,皮尔斯就立刻坦诚地向他讲述了一切,并主动认错:"这是我的错,我一定会尽最大努力挽回损失。"老板被皮尔斯的坦诚和敢于承担责任的勇气打动了,答应了他的请求,并拨出一笔款让他到纽约去考察一番。经过努力,皮尔斯联系好了另一家客户。两个月后这批照相机以比那个职员在报告上写的还高的价格转让了出去。皮尔斯的努力得到老板的嘉奖。

松下幸之助说:"偶尔犯了错误无可厚非,但从处理错误的态度上,我们可以看清楚一个人。"老板欣赏的是那些能够正确认识自己的错误,并及时改正错误并加以补救的职员。

职场中,一个人犯错误不可怕,可怕的是犯了错误之后,极力去掩盖自己的错误,这样无异于自己推上了绝路。最好的解决办法是坦然承认自己的错误,同时为自己争取一个弥补错误的机会。

003 未来在很远处,今天才是你应该把握的

职场中,每个人都有自己的目标:十年之后,我要坐上经理的位子;十五年之后,我要有一家自己的公司;二十年之后,我要身价百万……

这样的目标是每一个人都会有的,也是每一个人应该有的,这样长远的目标是最好的吗?

这些都应了拿破仑的一句名言:不想当将军的士兵就不是一个好士兵。

这句名言深层的含义是耐人寻味的,它道出了这样一个普遍规律,即有志气的人必定有其远大的励志目标。

在这种心理下,职场中的很多人开始励志,励志自己将来出人头地。年轻人没有人生目标的不多,但是也不是说有了目标就会成功,能不能成功还要看后天的努力、目标的质量性和目标实现的可能性。

后天的努力,不可否认,每个人都很努力,都是在朝九晚五之内的时间段内辛苦耕耘;

目标有质量是指目标要远大,要有一定的震撼力。假若一个职场员工的目标只是想当一个经理助理而不是拥有自己的公司,从严格意义上来讲这根本就算不上是目标,更谈不上质量。想当老板,这才是真正有震撼力的目标。

然而,还有一个非常现实的东西需要考虑——目标实现的可能性。

中国一直接受一种志存高远的励志方式,也就是说中国的目标比较鼓励人立下大志愿,卧薪尝胆,有朝一日出人头地,成为人中龙凤。

然而,有一个现实不可忽视,不可否认,我们都是普通人,普通人的意思就是,我们都会成为大部分的人。

我们不会买彩票中500万,我们不会成为比尔·盖茨或者李嘉诚,我们不会成为海归派,我们当中很少的人会创业成功,我们之中有30%的人会离婚,我们之中大部分人会活过65岁……

同时,另外一种励志的方式则是抛却高远的志愿,勇敢面对现实生活,面对普通人的困境,在现实的地基上,一步步地往前走,虽然结果也是可能会一样,但起点不一样。

相对来说,后者在操作上更现实,而前者则需要用999个失败者来堆砌一个成功者的故事。

所以请你在想自己要什么的时候,要得"现实"一点,你说我想要做李嘉诚,抱歉,中国只有一个李嘉诚,并且已经有人叫这个名字了。你想成为比尔·盖茨,抱歉,世界上只有一个,而且已经快要退休了。

同时,不要期望你能找到一本"宝典",借助宝典的指点登上人中龙凤的宝座,如果这样的话,写这本书的人早跑去做人中龙凤了,还会伏案一字一句地写这本书吗?

成为比尔·盖茨或者李嘉诚这种人,除了个人的能力与实力之外,还需要靠运气的,"王侯将相宁有种乎"但真正的李嘉诚和比尔·盖茨只有两个人,王侯将相,人也不多。目标定得高些对于喜欢挑战的人来说有好处,但对于大多数普通人来说,反而比较容易灰心沮丧,很容易就放弃了。

回过头来说,李嘉诚比你有钱大致50万倍,他比你更快乐吗?或许。有没有比你快乐50万倍,一定没有。他比你最多也就快乐一两倍,甚至有可能还不如你快乐。

职场中,一个人的目标可能会和别人的目标有冲突,但是绝对不会因为梦想或者目标成为互悖。同时,寻找自己想要的东西不是和别人比赛,比谁要得更多更高,比谁的目标更远大。虽然成为李嘉诚这个目标很宏大,但你并不见得会从这个目标以及追求目标的过程当中获得快乐,而且基本上你也做不到。你必须听听你内心的声音,寻找真正能够使你获得快乐的东西,那才是你想要的东西。

你想要的东西,就是所谓的目标,目标其实并没有高低之分,你不需要因为自己的目标没有别人远大而不好意思,达到自己的目标其实就是成功,成功有大有小,快乐却是一样的。我们追逐成功,其实追逐的是成功带来的快乐,而非成功本身。

职业生涯的道路上,我们常常会被攀比的心态蒙住眼睛,忘记了追求的究竟是什么,忘记了是什么能使我们更快乐。

经常能够看到各种各样一夜暴富的新闻,这些新闻,总会在我们的心里面掀起很多涟漪,涟漪多了就变成惊涛骇浪,心里的惊涛骇浪除了打翻承载你目标的小船,并不会使得你也一夜暴富。

不要想着通过购买一张或者几张彩票而一夜暴富,彩票的概率只有千万分之一,不要说彩票公司会使诈,会造假,即便不造假,不使诈,百万巨奖也很难降临到你的头上来。

"只见贼吃肉,不见贼挨揍。"我们这些普通人既没有当贼的勇气,又缺乏当贼的狠辣决绝,虽然羡慕吃肉,却更害怕挨揍,偶尔看到几个没挨揍的贼就按捺不住,或者心思活动,或者大感不公,真要叫去做贼,却也不敢。

如果你身在职场,还是过普通人的日子,每天走好脚下的路,树立一个目标,然后再将目标分割成一个个的小目标,一个个地去实现他们,最终你会得到你想要的结果。

这个结果可能是老板,也可能是个经理助理,但肯定不会继续是普通的小员工。

004 摆正心态，职场人人都有难念的经

俗话说："家家有本难念的经。"职场中，同样如此，人人都有令人羡慕的事情，也有别人不能知道的秘密。

比如，你的工作很轻松，每年还有公费旅游的机会，这让别人羡慕，但是待遇却非常低，这一点羞于启齿；你的工作待遇很高，每个月能拿到不菲的薪水，这让别人羡慕，但是工作环境却非常艰苦，常常加班到深夜，没有双休、假期，这一点让你很痛苦。

没有办法，职场中就是如此，想拿很高的薪水，还想有很好的待遇，还想工作轻松，这是那些官老爷才能享受到的待遇。

工作与工作不同，给别人刷盘子洗碗，没日没夜地干叫工作，在高级写字楼里每天朝九晚五也叫工作，而工作的最高境界莫过于"打工皇帝"唐骏。

"打工皇帝"唐骏出现以后，很多职场中的人觉得这才是他们向往的职业生涯。后来，唐骏去了盛大，陈天桥创立的盛大，一家民营公司。一个高学历的海归在500强的公司里拿高薪水，这大约是很多职场中人的梦想，问题是，名声显赫、实力强大的公司只有这500家，好的职位也只有500个。

人都是要面子的，也是喜欢攀比的，即使在工作上也喜欢攀比，不管那是不是自己想要的。

职场中的上班族都认为外企公司工作环境很好,可是好在哪里呢?

他们待遇好,福利好,西装笔挺,在高档的写字楼里上班,出差的时候可以住高档次的酒店等等。

说到这里,先停一下。

他们的待遇很好,一个月能够拿多少呢?

他们的福利很好,出差的时候可以住高档酒店,可是他们一年能有几次出差的机会呢?

他们西装笔挺,这西装是谁掏钱购买的呢?

在高档的写字楼上班,可以住高档的酒店,这是你想要的么?

别人会羡慕一份外企公司的工作,这是你想要的么?

每天穿西装,这是很多职场上班族都可以做到的事情,有什么好羡慕呢?

殊不知,高档的写字楼、高档的酒店,这一切都是给别人看的,你干吗要活得那么辛苦给别人看?

然而,他们却有着鲜为人知的一面,你知道吗?

他们每天西装笔挺,看起来有光鲜的面子,可是他们是需要为笔挺的西装买单、为光鲜面子的面子买单的。另外,他们薪水福利很一般,并没有特别了不起,他们的晋升机会比较少,很难做到很高级的主管,他们虽然厌恶常常加班,却不敢不加班,因为"你不干有的是人干"。除此之外,他们的领导难以接近,大部分情况下会是台湾人、香港人甚至是外国人,而这些人又往往有些莫名其妙的优越感,在被批评的时候,俨然回到了旧社会,被地主欺凌或者被侵略者侵略的日子。

你愿意为这些所谓的"面子工程"买单吗?愿意为了"面子工程"付出比别人更高的代价吗?

你想清楚了么?500强一定好吗?找工作究竟是考虑你想要什么,还是考虑别人想看什么?

很多人都羡慕出国的人,认为出国是能力的象征,国外一定比国内好吗?

自改革开放以来,中国狂热的出国潮就不断持续,似乎国外遍地是黄金,出国就是时尚。

直到上世纪九十年代初,国内一部《北京人在纽约》热播之后,人们才开始渐渐冷静客观地看待出国,出国也开始趋于理性。可随着该剧影响力的逐渐淡去,媒体、网络、欧美进口大片、日韩剧等等影视资讯,把时尚、亮丽的外面世界再次铺天盖地冲击到人们面前,加之如今出国渠道的日益多元化,所以自新世纪以来,出国潮又开始疯狂,而这其中又尤其以新生代人群为主。

现如今,出国目的主要有下面两个目的:

第一,出国去镀金,当然是很不错的选择。国内众多的大腕,不论是学界还是商界或是政界,海归派都大有人在。毕竟,西方经济文化教育确实在许多方面走在我们前面,我们出去学习他们的长处就是为了更好地为我所用。

第二,出国旅游、观光度假,当然也是一件非常惬意的事情,绝大多数人,都希望自己有机会去领略一下巴黎的浪漫,夏威夷的风光吧。

但是,除此之外呢?国外真的就那么好吗?

郭东自小就立志出国,很早就过大学英语4、6级,很早就通过托福、GRE等,很早就想出国。

拿到签证,就辞掉了国内许多人非常羡慕的白领职位,去了英国留学。没想到,几年后郭东学成回来了,决定在北京发展。

他说:"其实国外是挺好,但并不是我们想象中的那样,"期间他去洗过盘子,为了节省,自己做饭也是很平常了,什么都得靠自己努力,除此之外,到了一个人生地不熟的国度,身边没有了亲人和朋友,文化习俗的差异,待的时间短还好,可时间久了,当赞叹、新鲜、好奇感逐渐褪去的时候,那份思乡的孤独感就自然而然产生了。"还有一点很重要,在国内你可能很优秀,可你去了国外,要人家认同欣赏你,可不是件容易的事情。"

人总想找到那个最好的,可是,什么是最好的?你觉得是最好的那个,是因为你的确了解,还是因为别人说他是最好的?即使他对于别人是最好的,对于你也一定是最好的吗？

对于自己想要什么,自己要最清楚,别人的意见并不是那么重要。很多人总是常常被别人的意见所影响,亲戚的意见,朋友的意见,同事的意见等。

问题是,你究竟是要过谁的一生？

人的一生不是父母一生的续集,也不是儿女一生的前传,更不是朋友一生的外篇,只有你自己对自己的一生负责,别人无法也负不起这个责任。自己做的决定,至少到最后,自己没什么可后悔。对于大多数正常智力的人来说,所做的决定没有大的对错,无论怎么样的选择,都是可以尝试的。如果你没有进入心仪的公司,没有进入现在这个行业,这辈子就过不下去了？就会很失败？不见得。

好工作,重要的是适合你的工作,具体点说,应该是能给你带来你想要的东西的工作,你或许应该以此来衡量你的工作究竟好不好,而不是拿公司的大小,规模,外企还是国企,是不是有名,是不是上市公司来衡量。小公司,未必不是好公司,赚钱多的工作,也未必是好工作。你还是要先弄清楚你想要什么,如果你不清楚你想要什么,你就永远也不会找到好工作,因为你永远只看到你得不到的东西,你得到的,都是你不想要的。

可能,最好的,已经在你的身边,只是你还没有学会珍惜。

人们总是盯着得不到的东西,而忽视了那些已经得到的东西。

职场中,摆正自己的心态,有一句话说:心态决定命运！这不是笑话,而是真理。什么样的心态决定什么样的未来。

005 免费的午餐总是要买单的

在英语中,有这样一句谚语:There is no free lunch in the world,意思是说世界上没有免费的午餐。

很久以前,一位聪明的犹太国王对手下的大臣说:"我要你们编一本《智慧宝典》,要求用最简单的故事来教给人最珍贵的哲理,以便流传给子孙。"

一段时间后,大臣们通过彻夜的努力,完成了一部12卷的巨著。国王看了看,连翻都没有翻,说:"它太厚了,我怕人们不会去读完它。把它浓缩一下吧!"

于是大臣们在几经删减和浓缩之后,将一本书浓缩为一章,然后浓缩为一页,又浓缩为一段,最后则浓缩成一句。

这句千锤百炼的话就是:"There is no free lunch in the world",天下没有免费的午餐。

的确如此,天下没有免费的午餐。春天播种,秋天才有收获;在生活中,付出的越多,得到的越多;在职场中,永远不做自己不懂的事,把自己当成是企业的老板,并把注意力放在公司赚钱能力上,你将会变成一个有理性的人,成为一名优秀的成功者。

然而，职场中，很多人都会为得到一些蝇头小利或者一些小便宜绞尽脑汁，为得到的一些小便宜喜出望外，这是典型的小市民心理。职场上没有免费的午餐，迟早要为吃到的午餐买单的。

但是如果你有一天遇到了免费的午餐，这个时候你该作何选择？

张国强本来是一家外贸的公司营业员，由于工作的原因，他时常在外面出差，久而久之就接触到不少涉及贸易的商人。

有一次，他像往常一样到北京谈一笔业务，由于业务量大，客户需要花些时间去整理一些资料，大约需要花费一周左右的时间，这就注定了张国强可以在祖国的首都好好地玩上几天。

有一次，他在游览鸟巢、水立方回来的路上，经过朝阳区一条街道，看到了一家超市门前贴着"低价转让"几个字。恰巧，他入住的旅馆就在附近，吃完饭之后，他逛着逛着不知不觉之间就走到了这家超市门前，好奇心让他进去打听一下。

超市负责人看到有人走进来，就非常热情地迎接，在交谈中，张国强了解到大致的情况，原来是超市的老板因为家里突然发生了困难，急需要钱，迫不得已才将这家超市转让，并且这家超市已经交了一年的租金。张国强询问了价格，发现加上租金只需要三万五千元。

张国强当时完全被吸引住了，这简直就是天上掉下来的馅饼，完全是免费的午餐，因为这块地方虽然算不上是黄金地带，但是也是人流众多，并且这里的租金一个月少说也需要个两千左右，加上店里面还有那么多的货品，如果能够将这间店面盘下来，以后就可以不用那么奔波辛苦了。

想到这里，张国强生怕'过了这个村就没有这个店'，当时就决定转租下来，立即交了一万元的定金，并保证另外的钱稍后就可以补上。

第二天，张国强拿着自己东拼西凑的两万五千块钱将这间超市盘下来，并打算在这单业务完成之后就辞职，专心经营这家超市。同时，他还不断地给亲人朋友打电话，将自己收到的这份"免费的午餐"作为好消息报告给大家。

可是，张国强还没有高兴几天，就有人上门收租金，当时他非常不解，将自己与超市前负责人签的合同拿出来，这个人告诉他，超市的负责人已经欠了一年的租金,因为这个店面的老板一直在外国,没有时间回来收租金,双方规定的是一年一交,目前到期了,租金是三万元。同时收到的还有卫生部责令限期缴纳罚款的通知,原来是超市销售过期的食品,导致客人中毒,张国强一下子感觉到脑袋都要爆炸了。

"天下没有免费的午餐",只有付出才能有收获,案例中的张国强在"免费的午餐"面前没有经得住诱惑,终致吃了大亏。

生活中,免费的午餐是不存在的,即便有,不是陷阱也会是一种重负。因为接受了"别人免费的午餐",就是受到了别人的好处。中国有句俗话说:"吃别人的嘴短,拿别人的手短",一旦你接受了别人"免费的午餐",受到了别人的恩惠,随即而来就会是责任。即便当时没有,以后别人请你帮忙或者做你不愿意做的事情,考虑到先前受人恩惠,也会无法拒绝,而做了自己不愿意做的事情。

没有人有义务给你恩惠,不要去贪图一些小便宜,一旦你在小便宜面前没有束缚住自己的手脚,就会陷入被动的地步,终究不会因为免费的午餐而得利,反而会掉进别人设好的陷阱,或者背上沉重的包袱。

美国富商丹尼·桑福德在陈述自己成功的时候说:"当有人为你的消费买单的时候,你在对这个人表示感激的同时还需要小心提防这个人,并找一切机会将买单的钱全额还给对方,这不是以小人之心,度君子之腹,而是一种处世的方法,处世的底线,所有的这一切都因为一句话,世界上没有免费的午餐。"

很多时候,的确是这样,当你受到别人恩惠的时候,这不是结束,而是开始,是你掉进陷阱,背上沉重的包袱的开始。在恰当的时候,给你恩惠的人会狠狠地将你一军,让你有口难辩。

许多贪官之所以到最后无法收手,就是因为这个道理,在开始的时候,没有经受得住别人的恩惠,在不知不觉之间,才发现自己走进陷阱的同时,还背上了沉重的包袱,只能昧着自己的良心去做一些本来并不愿意做的事情。

职场之中,同样如此,当你受到他人恩惠的时候,一定要设法拒绝。如果你无法拒绝,也要记得找机会将对方的恩惠以另外一种方式还给别人,千万不要做只知道一味地接受恩惠,却不知道回报的人。

世界上没有免费的午餐,自己的"消费"一定要自己"买单",以免陷入陷阱或者背上沉重的负担。

006 积极心理，零度的人生也要沸腾

如果你没有好的工作,现在过着猪一样的生活,从事着狗一样的工作,身无分文。想改变眼前的困境,却没有出路;想从事创业,却没有资金;想改变一个工作环境,却茫然不知未来该走向哪里。这个时候,百无一是。

不要灰心,给自己一个积极的心理暗示,最起码我比乞丐强,至少我比残疾人强,至少有胳膊有腿,即便做乞丐,也要做乞丐中的NO1,零度的人生也要沸腾。

英文中有一句话,很多人耳熟能详,Nothing is impossible,意思是一切皆有可能。

在人的一生中,要时刻记住这句话,一切皆有可能。

人生难得的是敢想敢做,在人生中有高峰也有低谷,无论身处顺境还是逆境,如果连想都不敢想,自然就无从"做"起了;只有敢想,才有可能成功。

我的一个朋友曾经和我说过他亲身经历的一件事:

一个偶然的机会,朋友进入一家小公司,负责面试他的是个三十出头的男人,其貌不扬,但深锁的眉头里似乎写满了智慧。

当时的公司里只有三个员工,规模非常小,而且是刚刚成立,看不出有什么好的发展前景。很明显,朋友是在这家公司成立不久后进来的,职位是

设计员。

在刚刚进入公司的时候,只有简单的几个小业务,后来公司又遇到了危机,三个员工又有两个选择了辞职,只剩下三个人。老板和他的合伙人,还有我的朋友。严格地说,只有他一个人。当他们出去了的时候,一百多平米的写字楼就只剩下我朋友一个人。

朋友的老板在创业前是个港资厂的设计师,高薪让很多人羡慕。可是男人是有野心的。在有了一定的资金积累后他义无反顾地离开那家工厂开始了自己的创业之路。因为没有创业经验,他首先选择了与他的朋友合伙的方式切入。谁知他的朋友是个没有耐心的人,半年后,因为公司业务发展不好,他提出撤资,清算完毕的那天晚上,老板在办公室抽了一个晚上的烟。

第二天早上,朋友去上班的时候看到他的眼睛里布满了血丝,出于同情,朋友给他泡了一杯茶。

当时的老板看起来非常颓废,问了我朋友一句:"你看我是不是特没出息?"

出于安慰,朋友说:"不,我相信你一定能成功!"老板看着他的眼睛说了一句话:从今天起,你不要叫我老板,叫我肖总!我会成为一个名符其实的老总的。你在这里好好干,就算我去借钱,也不会少你一分钱工资。

之后的两年时间,肖总开始了他起早念贪黑的工作日程。朋友也开始利用网络给他联系业务,尽管肖总一只在努力,可是似乎并不见成效,公司到了四面楚歌的境地。

有一天,朋友在贸易通上认识了一个生产机箱的潜在客户,向他介绍了自己公司的情况,介绍肖总是个设计方面颇有造诣的设计师,客户非常感兴趣。客户是市场部经理,对于市场部经理来说,他明白一个产品外观的重要性,他们现在最需要的就是外观图。于是,朋友约他到公司进行面谈。那天,我的朋友和肖总信心十足地在等待着这个也许能改变他们困境的客户的到来。下午三点,经理来了,是个和肖总年龄差不多的男人,那天下午,他在肖总办公室呆了几个小时,坐在外面的朋友虽然有些忐忑不安,可是他们谈的那么默契,朋友知道上天一定会眷顾这个为了自己的事业永不言弃的男人。

果然不出所料,在随后与对方接触后的一个多月里,他们一点都不敢马虎,每一款外观图都要仔细研究个遍,不放个任何一个细节。就这样,通过多方考察,那家厂商与他们签定了合同。三月份,那家厂商一口气选了他们三款设计方案,当收到对方第一期百分之五十的款项时,两个人激动的紧紧拥抱在一起。

朋友说:"两年的时间,我亲眼目睹了一个男人创业期所遭遇的艰辛和磨难,我相信,零度的人生同样可以沸腾。不仅如此,这笔财富也一直激励着我在个人创业的过程中勇往直前。"

在遇到苦难的时候,首先想到的是如何解决这个困难,而不是左右衡量这个困难到底有多大,困难越大,对你产生的阻力越大。然而,一旦你树立了征服困难的信心,困难就立刻会缩减。

遇到苦难不要放弃,记住人生在零度同样能够沸腾。

007 车子会有的，房子也会有的

随便问一个职场上班族，"你的梦想是什么？"可能都会回答："有房子，有车子。"

在现代人的梦想中，房子和车子似乎成了人们的热门话题，奋斗只是为了房子和车子吗？

不可否认，车子和房子在现代生活中所占的比重毋庸置疑，在现代人的观念中，拥有了车子和房子就是成功的象征，于是众多人为了车子，为了房子前赴后继。

于是，生活中便出现了朝九晚五、甚至是朝八晚六的职场上班族的身影，在他们的观念中，车子和房子就是奋斗的目标。

如果你现在没有房子，没有车子，不需要着急，车子和房子早晚都会有的。

不妨先回头想一下，车子和房子是奋斗的目标吗？

不见得吧！

我要告诉你，为了一座房子和一辆车子奋斗的人，眼光是短浅的，房子和车子是职场人士奋斗的结果，而不是职场人士奋斗的目标。

如果将房子和车子作为奋斗的目标，这个目标也实在有点拿不出手。可能有人会说，车子和房子是最现实的东西。

很赞同这种观点，车子和房子是最现实的东西，车子是代替步行的，房子是用来住的，都是生活的必需品。然而，如果仅仅是为了有房子住，有车辆代替步行,这无疑说明这个人回到了原始的社会。

其实,要实现有房子住,有车辆代替步行,这很简单,你完全可以回到一个最原始的地方去实现你的所谓的现实,不需要在职场之中奋力打拼。

先要郑重地声明一下,房子和车子属于我们奋斗下的产物,也就是我们的奋斗之后得到的成果的一部分,并非是奋斗的目标。

如果我们仅仅将房子和车子作为奋斗的目标,假如现在有人送给了房子和车子,你接下来还要干什么?还能干什么?

很多人整天抱怨自己被房子所累,因为房子限制了自己的发展,如果真的是这样的话,真的是太失败了,看看著名的房地产大亨王石对这件事的看法:

你说"没有房子会限制自己的发展或者让自己的事业周期延后,"怎么会呢?我1983年(32岁)到深圳创业,开始租房直到12年之后的1995年(44岁)才买了属于自己的住宅,没有因为12年的租房子居住而限制了自己的发展。

恰恰相反,在上世纪80年代,我曾建议的大学同学、广州的旧同事到深圳特区发展,他们却因等待分房或照顾子女上学等家庭原因而裹足不前,错失了个人事业发展的机会。

几天前,一位朋友准备赴任世界银行任高级职务,将在华盛顿世银总部工作四年。那么,在美国,购房还是租房?咨询老王的建议。建议如下:我不了解华盛顿的房地产情况,但要明确你买房子的目的,是准备四年之后继续住还是卖掉?朋友回答:不准备长期落户华盛顿。好,那很简单:租。为什么呢?买了房虽然有增值的可能性,但也额外增加了负担,比如任职期间同上司发生冲突或其他原因想提前解除合约的话,因为投资了那套房子的原因会使决定变得困难起来。

现在的职场上班族工作几年后就急匆匆地考虑买房子,只要有能力购房,就不会考虑租房,购房几乎成为房地产消费的代名词。这同中国农业文明的传统生活习惯有很大关系,在鸡犬相闻老死不相往来的农村社区,拥有的房子不仅仅是居住场所,更是一笔可以传下去的财产。基于这样的考虑,职场中的那些奋斗中的男女和他/她的家长都把买房子看成头等大事。

其实,在现代都市生活中,租房应该是年轻人的主流。租房这种消费方式将会被越来越多的人所接受,这是中国城市住房消费的趋势。

看完这句话之后,你有何感想?

房子和车子不是我们的目标,只是我们成果的一部分,因为我们努力了,房子和车子自然而然就会出现,一切自然就都拥有了。相反,如果仅仅把目光瞄准在房子和车子上面,会因此遮住了自己前行的视线。

需要记住,房子和车子只是我们奋斗之后应该得到的,而不是我们奋斗的目标,擦亮自己的眼睛,别将奋斗的目标定格在了房子和车子上。

008 前面的路再宽敞,也要留条后路

有没有想过这种情形:如果突然有一天,你被公司辞退了,你会选择怎么办?

可能你会说:"此处不留爷,自有留爷处。"的确,工作有很多,你不用担心找不到工作,而且自己还年轻。但如果有一天,自己不再年轻,你还会这样想吗?

职场毕竟是职场,人情排在利益之后,也就是说当你的存在危害到公司的利益的时候,即便你为公司立下汗马功劳,也会被扫地出门,别忘了还有"卸磨杀驴"这一说。

"卸磨杀驴"的做法古已有之,看看历史,类似的事情屡见不鲜,这种事情发生的概率就像雨过天晴一样,很正常的。在当今这个利益至上的职场之中,这种事情更是屡见不鲜。

很多职场中的打工者都认为,每个月拿着固定的薪水,过安稳的生活。一份稳定的工作往往是生活安稳的前提,真的是这样吗?如今,无论是国企还是外企,饭碗的稳定问题像时刻盘踞在我们头上的一块乌云,谁也搞不清哪天这块乌云会变成降临在我们头上的倾盆大雨。

为什么会这样?

职场中,利益永远居于首位,你有利用价值的时候,每个人都希望得到

你,此时的你属于抢手货,假若有一天,风云突变,你没有了利用价值,每个人都会远离你,此时你属于被打入冷宫的人。

在你看来是"卸磨杀驴",可在上司看来,却是最正常的取舍。

这里的矛盾就发生在上司以自身利益为先,而你却没有这么做,所有被"卸磨杀驴"的人,都是这个缘由,也是这个结果。

针对"今天你可能在公司里大展身手,明天可能在人才市场努力找工作"的情形,到底该怎么做呢?

刘浩在一家外贸公司做外贸员,经常在各地出差,联系业务。由于这家公司是凭借业绩吃饭的地方,言下之意就是随时都有可能被裁掉。为此,刘浩经常和与自己有过联系的客户在私下里联系,一来为自己留条后路,二来还可以提高自己的业绩。

果然,四年之后,因为公司体制改革,刘浩被公司辞退了,拿到了一些补偿,刘浩离开了为之奋斗拼搏四年的公司。

转而,他成立了自己的外贸公司,依靠自己平时积攒下来的客户资料,与客户做起了生意。

没过多久,刘浩的公司也开始有了起色。

职场中,要记得给自己留条后路,不要坐吃山空。

如今的职场上,已经没有了金饭碗,今天可能还端着饭碗,明天可能就没饭吃,任何工作岗位都面临风吹雨打。残酷的现实警告我们:无论哪个单位都不会有绝对稳定的工作。

作为一名打工者,你难道想坐以待毙吗?你需要未雨绸缪,提早给自己预备后路。如果你拥有好几个后备饭碗,即使乌云遮天也不必担心。

著名经济学郎咸平曾经说过这么一句话:"鸡蛋不能全放在一个篮子里,如果你只有这个饭碗,那就意味着一招出错满盘皆输"。

即便是居家过日子,还要留些私房钱呢,何况是在职场中呢?即便前面的路再宽敞,也要记得留条后路。